DER KANNIBALE

PAIN MATRIX THRILLER

IM KOPF DES SERIENMÖRDERS

JÖRG PIESKER

DER KANNIBALE

Ein PainMatrix Thriller

von

Jörg Piesker

Alle Thriller der Serie hier:

https://www.joerg-piesker.de/pain-matrix/

DER KANNIBALE

Ein Pain Matrix Thriller von Jörg Piesker

IM KOPF DES SERIENMÖRDERS

Die Inspirationen, die den Pain Matrix Thrillern zugrunde liegen, sind wahre Verbrechen, die schrecklich und schockierend zugleich sind und Kriminalgeschichte geschrieben haben.
Die Hintergrundgeschichten basieren auf einigen Fakten der Verbrechen, alles, was sich darum herum rankt, sind reine Fiktionen, die von mehreren Thriller-Autoren verfasst werden.
Willkommen im Kopf des Serienmörders.

KLAPPENTEXT

Er war der schwächste – immer. Bis er zurückschlug.

»Ich habe die Nazis erlebt, was soll mich da noch erschüttern?« Doch das ist ein tragischer Irrtum, dem KHK Ewald Hölzer unterliegt.

Berlin wird von einer grausamen Mordserie erschüttert, die das Gesetz und die Moral herausfordert. Inspiriert von einer wahren Begebenheit erhebt der Thriller »Der Kannibale – im Kopf des Serienmörders« das dunkle Erbe des berüchtigten Serienmörders Joachim Kroll.

Als 1955 der Körper einer entsetzlich zugerichteten jungen Frau aufgefunden wird, übernimmt der erfahrene Kriminalhauptkommissar Ewald Hölzer den Fall. Dem knurrigen Einzelgänger wird der frisch ausgebildete Kriminalkommissar Bruno Renz an die Seite gestellt. Die Aufgabe des Teams: den oder die Mörder zu finden, bevor es weitere Opfer zu beklagen gibt. Doch der Mörder scheint unauffindbar zu sein, ein wahrer Albtraum beginnt.

Der Druck auf die Kommissare wächst, denn der Mörder tötet in immer kürzeren Abständen. In einem Wettlauf gegen die Zeit müssen Hölzer und Bruno nicht nur ihre eigenen Grenzen überwinden, sondern auch die ihrer Kollegen und Vorgesetzten. Sie stoßen auf eine Welt, in der die Abscheulichkeiten der menschlichen Natur keine Grenzen kennen. Doch sie werden nicht aufgeben, bis dieser grauenhafte Mörder gefasst ist und Gerechtigkeit für die Opfer erlangt wird.

»PainMatrix – im Kopf des Serienmörders. Der Kannibale« ist ein packender True Crime Thriller, der an die dunklen Seiten der Menschlichkeit rührt. Lassen Sie sich in eine von Furcht getriebene Reise entführen, in der Sie den Atem des Serienmörders in ihrem Nacken spüren.

KAPITEL EINS

Kriminalhauptkommissar Ewald Hölzer steht vornübergebeugt vor seinem ›AEG 215 WL‹ Radio und dreht den rechten der beiden Knöpfe vorsichtig hin und her. Schnarren und Pfeifgeräusche wechseln sich ab, dahinter sind Wortfetzen von Adenauers Ansprache zu verstehen. Hölzer justiert geduldig weiter, bis er die richtige Stelle auf der Frequenzskala findet. Das Schnarren verringert sich. Endlich ist die Stimme des Kanzlers der Bundesrepublik Deutschland besser zu hören. Hölzer richtet sich auf, drückt den Rest seiner Zigarette im Aschenbecher aus und lauscht.

Heute, am fünften Mai 1955, fast zehn Jahre nach dem militärischen und politischen Zusammenbruch des Nationalsozialismus, endet für die Bundesrepublik Deutschland die Besatzungszeit. Wir sind fortan wieder ein souveräner Staat.

Kommissar Hölzer schaltet den Radioempfänger am linken Drehknopf aus, zündet sich die nächste Zigarette an und schaut seinen jüngeren Kollegen Bruno Renz an. »Schön für Adenauer! Uns hilft das kein Stück bei unseren Ermittlungen weiter.« Hölzer nimmt einen langen Zug von der filterlosen Zigarette, geht an seinen Platz und setzt sich.

Gedankenversunken bläst er dabei den blauen Dunst vor sich aus.

Sein Kollege, Kriminalkommissar Bruno Renz wedelt vor sich in der Luft und hustet unterdrückt.

»Du solltest dir das Rauchen angewöhnen, Junge«, spottet Hölzer über zwei Schreibtische hinweg. »Dann müsstest du nicht so viel herumfuchteln und wärst endlich ein richtiger Mann.« Ewald Hölzer ist mit fünfundfünfzig der Ältere der beiden. Bruno Renz ist sechsundzwanzig und begann vor sechs Wochen seine praktische Arbeit bei der Kriminalpolizei Berlin, Abschnitt 54, Golßstraße Neukölln, einem der schwierigen Bezirke der Stadt. Sein erster Mord und dann so was.

»Schöne Scheiße«, knurrt Hölzer, »dass du gleich am Anfang deiner Laufbahn so etwas ansehen musst. Aber wir sind hier nicht beim Wunschkonzert, das härtet ab.« Ewald Hölzer ist niemand, der sonderlich viel Empathie für andere aufbringt, vielmehr ist er der geborene Einzelgänger. Einige meinen, dass es daran liegt, dass vor zehn Jahren seine Frau gestorben ist. Andere entgegnen, dass Hölzer schon immer so war. Der junge Bruno Renz ist der erste und einzige Mensch, dem gegenüber Hölzer Ansätze menschlicher Regung zeigt. Man kann nicht sagen, ob es eine Art Vatergefühl ist, das der kinderlose Hölzer dem Jüngeren gegenüber hegt. Über Gefühle wird nicht nachgedacht, geschweige denn, geredet.

Bruno nimmt den Ball sofort erleichtert auf. »Ich zittere noch am ganzen Leib.« Er erhebt sich, flitzt um die Schreibtische herum und stellt sich vor den älteren Kollegen, der mit mürrischer Miene Qualm vor sich ausstößt. Ewald Hölzer weiß nicht recht, was er mit Brunos Aufwallung anfangen soll. Er rutscht tief in seinen Stuhl, legt einen Unterarm auf die Schreibtischkante und klopft ununterbrochen Asche ab. *Hoffentlich fällt der Junge mir nicht noch um den Hals*, denkt er. Bruno – der Junge – eifert indes weiter.

»Noch nie raste mein Herz so schnell, wie vorhin, als wir diesen dunklen Kellerraum betraten.«

»Willst du da stehen bleiben?«, unterbricht Ewald Hölzer Bruno.

»Das macht mich nervös, setz dich hin.« Hölzer schiebt dem Jüngeren mit dem Fuß einen Besucherstuhl hin. Verlegen will Hölzer sich eine Overstolz ohne Filter aus der Schachtel fischen, als ihm einfällt, dass er noch einen Glimmstängel in den Fingern hält.

Bruno setzt sich flink und gestikuliert mit beiden Händen. »Diese Dunkelheit ... die einzige Lichtquelle war eine funzelige Glühbirne an der Decke und ein schwacher Lichtschein vom dreckigen Fenster her. Ich habe während der Ausbildung eine Leiche gesehen. Das war bedrückend. Aber das heute ließ mich noch tiefer in die Abgründe menschlicher Grausamkeit blicken. Diese verstümmelte Leiche des jungen Mädchens ... Ihr Gesicht war entstellt von Schlägen und ihre Kleidung zerrissen.«

Bruno pausiert kurz, schnauft hörbar.

»Aber am furchtbarsten waren diese Schnitte an ihrem Körper und der widerliche Gestank in dem düsteren Raum - es roch nach Blut, Verwesung und Fäulnis.« Bruno ringt um Fassung.

»Ich habe schon ’ne Menge gesehen«, raunt Hölzer. »Einschließlich der Grausamkeiten der Nazis, wovon ich vieles niemals vergessen werde. Aber wenn es dich tröstet, dieses Gemetzel heute war auch für mich das Schlimmste, was ich je erlebt habe.«

Lärm dringt durch die verglaste Tür, in das Büro der beiden Kommissare. Es liegt als Einziges im Erdgeschoss, direkt angrenzend an den Bereich der Polizeiwache. Die Büros der anderen Kommissare befinden sich in einem weiter entfernten Gebäude, das vor Kurzem renoviert wurde und in das kein Publikumsverkehr gelangt. Eine Retourkutsche von Senator Gräfe.

Ich hasse Arschkriecher. Ein Glück, dass ich mit dem nicht allzu viel zu tun haben werde, dachte Hölzer, als Gräfe vor zwei Jahren vorgestellt wurde. Aber es kam anders. Der frisch gebackene Senator hatte vor, neuen Wind in seinen Dienstbereich zu bringen. Ewald Hölzer, mit seiner hemdsärmeligen Art, war dem Senator sofort ein Dorn im Auge, weshalb er beschloss, diesen Ewald Hölzer kurzfristig zu entsorgen. Aber Hölzer wäre nicht Hölzer, wenn er klein beigegeben hätte. Er hat die besten Aufklärungsquoten. Der knorrige Kriminalhauptkommissar ist zwar ein Einzelgänger, der andere vergrault, weshalb die Kollegen einen Bogen um ihn machen. Aber er ist immer geradeaus und ehrlich. Das wiederum schätzt man an ihm und redet deshalb nie schlecht über ihn.

Auch, dass er den Frischling Bruno Renz an die Seite gestellt bekommen hat, verdankt Ewald Hölzer der *Freundschaft* zum Senator.

Ewald Hölzer reckt gelassen den Hals und späht zu dem großen Raum vor seinem Glaskasten. Einer der üblichen Tumulte ist im Gange. Ein Festgenommener zettelt ein Handgemenge mit Polizeibeamten an. Ewald Hölzer weiß, was kommt und grinst gelassen. Bruno hingegen erhebt sich aufgeregt.

»Bleib sitzen«, weist Hölzer ihn an.

»Aber Kollege Stutz wird von dem Betrunkenen angegriffen.«

Hölzer lacht abgehackt. »Keine Minute und er liegt mit ’nem Veilchen am Boden, wetten?«

Verdutzt stellt sich Bruno neben seinen Chef und späht ebenfalls durch die Glasscheibe. Dem Betrunkenen gelingt es, den Kollegen, Polizeiobermeister Arthur Stutz, in den Schwitzkasten zu nehmen.

»Jetzt gehts los«, ruft Hölzer freudig. Im selben Augenblick wird die Toilettentür aufgestoßen und ein muskulöser Mann tritt wütend heraus.

»Mücke ist Boxer«, erläutert Hölzer und wirkt, als würde er einer Sportveranstaltung beiwohnen. POM Eckard Mücke zieht sich im Gehen die Hosenträger über das weiße Hemd, während er auf den Betrunkenen zu marschiert. Das Gesicht des Kollegen im Schwitzkasten ist inzwischen violett angelaufen. »Kann man hier nicht einmal in Ruhe scheißen?«, brüllt Mücke und versetzt dem Betrunkenen eine Gerade, die den Mann einen Meter weit am Boden entlang schlittern lässt. Mücke ergreift den am Boden liegenden, der sichtlich benommen wirkt, und schleift ihn in die Ausnüchterungszelle.

»Sage ich doch, Mücke haut´se alle um.« Hölzer klatscht belustigt in die Hände. Bruno atmet tief durch. Die erste Woche als Kriminalbeamter hat er sich wirklich anders vorgestellt. Vielleicht nicht ganz so ereignisreich.

Hölzer und Bruno schweigen einen Augenblick lang. »Ich könnte es gut verstehen, wenn du lieber wieder in eine andere Abteilung wechseln willst. Das hier in unserem Abschnitt ist nicht jedermanns Sache«, nutzt Ewald Hölzer die Gelegenheit. Vielleicht hat sich das mit dem Frischling an der Seite ja auf diese Weise schnell wieder erledigt.

»Aber ...« Bruno erhebt sich stramm und zieht sein Jackett zurecht. »Denken Sie, dass ich nicht geeignet bin, Herr Hölzer?«

»Jetzt beruhige dich mal wieder. Nein, das denke ich nicht. Ganz im Gegenteil. Aber wenn selbst ein alter Hase, wie ich, weglaufen möchte, kann ich es dir nicht verdenken.«

»Ich bleibe!« Noch immer steht Bruno stramm. »Ich meine, wenn Sie es erlauben, Herr Hölzer.«

Hölzer verdreht die Augen. »Nur wenn du dir das

Strammstehen abgewöhnst und endlich mit dem Rauchen anfängst.«

»Sehr wohl - ich meine, ich freue mich, Herr Hölzer. Aber rauchen werde ich nicht.«

Die Männer lachen. Hölzer geht zu seinem Platz und deutet an, dass Bruno sich wieder in den Besucherstuhl neben ihn setzen soll. Bruno gehorcht. Dann schlägt Hölzer die flachen Hände auf seine Knie. »Wir beginnen mit unseren Untersuchungen: Fotografieren, Spuren sichern, Zeugenaussagen aufnehmen.«

* * *

Drei Wochen danach ist Hölzers Glaskasten zugepflastert mit Tatortfotos und Fotos von Verdächtigen. Hölzers Büro mit Fotos zu tapezieren war die Idee von Bruno, dem Frischling, der mit unbändigem Eifer jede freie Fläche beklebt und hektische Erläuterungen dazu abgibt. Hölzer lässt ihn gewähren, nicht übel, jederzeit alles im Blick zu haben. Die Scheiße daran ist nur, dass nun kein Blick in den Revierraum mehr möglich ist. Mückes Boxeinlagen ade. Hölzer und Bruno stehen vor der Fotowand, Bruno ist stolz, Hölzer kratzt sich am Hinterkopf und sorgt sich, ob die Kollegen draußen auf Zack sind, wenn er sie nicht mehr im Blick hat. Die ersten Witzeleien über Hölzer und seinen ›Süßen‹ kamen ihm schon zu Ohren, aber er hatte keinen Nerv, der Quelle auf den Grund zu gehen. Brunos strukturierte Arbeitsweise verblüfft den knorrigen Kriminalhauptkommissar zunehmend. Insgeheim hat Hölzer längst begriffen, dass die Aufklärungsquote von Morden drastisch verbessert werden könnte, wenn diese ungewöhnliche Herangehensweise des Frischlings einmal zum Standard würde. Mordaufklärungen bedurften besonders geschulter Kräfte, ahnt Hölzer. Trotz allem muss er Bruno immer wieder auf die Schippe nehmen, insbesondere, wenn die Vorträge des jungen Kollegen zu sehr ausufern. »Was ihr heutzutage so alles auf der Polizeischule lernt.« Er grapscht seinen Gummiknüppel aus der Schublade und klatscht ihn in seine Handfläche. »Wenn es nach mir geht, lassen wir bei dem Dreckspack ordentlich den Migränestab tanzen. Sollst mal sehen, wie schnell Ruhe im Karton ist.« Hölzer drischt mit dem Gummiknüppel auf die Schreibtischplatte, sodass es laut kracht. Bruno zuckt zusammen und zwinkert ungläubig.

»Aber erst einmal müssen wir den Täter doch überführen. Und dann brauchen wir gerichtsverwertbare Beweise. Ich bezweifle ...«

»Halt die Klappe«, unterbricht Ewald Hölzer den Frischling genervt und wirft den Gummiknüppel missmutig auf seinen Schreibtisch. Klugscheißerei – einer der Gründe, warum er lieber allein arbeitet.

Bruno ist schnell wieder bei der Sache, tippt mit dem Zeigefinger auf das A4 große Foto des Opfers und referiert ordnungsgemäß weiter. »Gabi Feiler, einundzwanzig, Friseurin, wohnte bei den Eltern, Einzelgängerin, hatte keinen Freund, zumindest war im Familien- und Freundeskreis niemand bekannt, der mit Fräulein Feiler ein Paar war. Wir können also noch nicht sagen, ob Täter und Opfer sich kannten. Fest steht hingegen, dass der Täter das Opfer vergewaltigt hat, als es bereits tot war und anschließend ausgeweidet hat.«

Hölzer verzieht keine Miene, starrt auf die Fotowand. »Bist du sicher? Eine Tote vergewaltigt? Das ist ja widerlich.« Obwohl Hölzer selbst am Tatort war und die Leiche dort gesehen hat, kommen ihm die Darstellungen auf den vielen Fotos schauderhaft vor. Die offenen Augen der Toten, die erstarrten verkrampften Finger, der klaffende Torso, weiß schimmernde Rippen in einem undefinierbaren Gewirr aus Fleisch und Gedärmen. Am Tatort konnte er sich umdrehen und wegsehen, wann immer er wollte. Hier aber prangen ihm diese grauenhaften Details unentwegt entgegen. Erstaunlich, dass Bruno das so sachlich hinnimmt.

»Hätte Frau Feiler zum Zeitpunkt der Vergewaltigung gelebt, hätte sie sich anschließend zusammengekauert. Sie liegt jedoch breitbeinig da. Außerdem bestätigen das die medizinischen Untersuchungsergebnisse.«

»Das ist wirklich ekelhaft.« Hölzer stutzt. »Was für medizinische Untersuchungen denn?«

Bruno hebt den Finger, dreht sich um und zieht mehrere Schriftstücke aus einem Papierstapel. »Hier! Das Untersuchungsergebnis des Gerichtsmediziners. Darin beschreibt Professor Dr. Dr. Trautwein von der Charité Berlin das genau.«

»Professor Trautwein?«, fragt Hölzer verdutzt. »Du hast den Gott in Weiß dazu gebracht, dass er sich unsere Leiche ansieht?«

Bruno zögert kurz, stellt dann seine Stimme tief. *»Endlich kommt jemand mal auf die überfällige Idee* - hat er nur gesagt.«

»Tss«, zischt Hölzer anerkennend und setzt sich auf seinen Bürostuhl. »Erzähle weiter.«

Bruno legt die Papiere wieder auf ihren Platz und stellt sich vor die Tatortfotos. »Der Täter hat das Opfer teilweise ausgeweidet. Herz, Gebärmutter und Leber wurden entnommen und neben die Leiche gelegt. Unklar ist, warum Teile der Toten nicht am Tatort vorgefunden wurden. In der Blutlache gab es Fuß- und Handspuren, von denen wir annehmen müssen, dass sie vom Täter sind. Denn hätte sich dem Opfer ein weiterer Täter oder ein Tier genähert, so wären weitere Spuren vorzufinden gewesen. Wir sollten somit von einem Einzeltäter ausgehen. Der Verbleib der fehlenden Niere und der fehlenden Teile der Bauchdecke ist nur so zu erklären, dass der Täter diese mitgenommen hat.«

»Fehlende Niere und fehlende Teile der Bauchdecke?«,

wiederholt Hölzer laut. »Das wird ja immer krankhafter. Und der Mörder hat das Zeug mitgenommen?«

»Davon ist auszugehen, ja.«

Hölzer stößt einen langen Pfiff aus und verschränkt die Finger über dem Kopf. »Heilige Scheiße.« Er zieht die Lider schmal. »Haben wir Fingerabdrücke?«

»Ja. Die Auswertung läuft. Zwei Kollegen gleichen die Abdrücke mit den Karteien ab.«

»Gut. Wenn wir Glück haben, ist der Kerl schon einmal in Erscheinung getreten.« Hölzer reibt sich mit der Hand über sein glattrasiertes Kinn. »Wer um alles in der Welt ist ein so krankes Schwein? Der macht sich nicht mal die Mühe, Handschuhe anzuziehen. Das ist doch total irre.«

»Allerdings. Der Täter muss eine extrem gestörte Persönlichkeit sein oder er hat einen niedrigen Intelligenzquotienten.«

»Jetzt fange nicht noch mit Sigmund Freud an.« Hölzer winkt barsch ab. Er muss nachdenken. Bruno kapiert das und hält die Klappe.

»Gab es ähnliche Morde?«

»Schon«, Bruno hebt kurz die Schultern. »Aber nicht in Berlin. Denken Sie nur an Jack The Ripper ...«

»Ach du Scheiße! Halt bloß die Klappe, Bruno. Wenn irgendjemand von der Presse so was aufschnappt, haben wir die Hölle auf Erden.«

Bruno hebt ergeben die Hände.

Hölzer schnaubt überfordert. »*Ripper*! So eine Scheiße.« Er erhebt sich und tigert in ein konfuses Selbstgespräch vertieft umher. »Hoffentlich ist der Kerl nur auf der Durchreise. Schön wär's, dann sollte er von mir aus direkt nach London weiterfahren und dort den Ripper spielen. Scotland Yard könnte sich darum kümmern und wir wären den Mist los.« Hölzer stoppt abrupt und zieht die Krawatte zurecht. »Von mir aus kann das Dreckschwein auch nach Timbuktu weiterziehen, Hauptsache, er verpisst sich aus Berlin. Lass uns gehen, wir hören uns bei ein paar Bekannten um. Irgendjemand muss von der Sauerei etwas mitbekommen haben.« Hölzer deutet Bruno nickend an, dass er mitkommen soll, und öffnet die Tür des Glaskastens. Bruno folgt.

Hölzer marschiert durch die Wachstube, ignoriert, was links und rechts von ihm vor sich geht. Noch nie hatte er sich so machtlos gefühlt. Wie sollen sie diesen anomal Perversen nur stoppen?

Vielleicht sollte er Mücke mitnehmen. Mit dem konnte man den einen oder anderen schneller zum Reden bringen.

KAPITEL ZWEI

In dem alten Kochtopf simmert ihr Fleisch. Mit einer Prise Salz, zwei Lorbeerblättern und fünf Körnern Piment. So wird Eisbein gekocht, das hat mir Fleischermeister Kröpke gezeigt. Kröpke ist 'ne Drecksau, weil er mich heute rausgeschmissen hat. Die Arbeit war gut. Ich kann sehr gut mit dem Messer umgehen, hat Kröpke gesagt. Er hat mich leider dabei erwischt, als ich seine Alte beobachtet und dabei gewichst habe. Scheiße, die Arbeit war wirklich gut und ich konnte mir immer wieder mal ein Stück Fleisch mit nach Hause nehmen. Ich kann meinem Alten nicht erzählen, dass ich rausgeflogen bin und schon gar nicht, aus welchem Grund. Er meint sowieso, dass ich bekloppt bin, wenn das jetzt auch noch rauskommt, steckt er mich in 'ne Irrenanstalt. Meinen Bruder und meine Schwestern hat er ja schon vergrault, aber mich wird er nicht so leicht los! Ohne den Job bei Fleischermeister Kröpke bekomme ich aber kein Fleisch. Und wenn ich kein Fleisch mehr nach Hause bringe, dreht der Alte durch. Er wird mich ausquetschen, bis die Wahrheit doch herauskommt. Dann wird er mich natürlich verprügeln. So wie Kröpke seine Alte verdroschen hat. Ich habe das durchs offene Fenster beobachtet und belauscht. Das war so ziemlich das Geilste, was ich erlebt habe – das hat mich total fickerig gemacht. Kröpke hat seine Frau verwamst und als sie so richtig geflennt und gewinselt hat, hat er sie auf den Tisch geworfen und grob durchgefickt. Während ich die beiden beobachtete und davon träumte, Kröpke zu sein, habe ich die Fäuste so fest geballt, dass ich danach blaue Flecken in den Handballen hatte. Ich habe mir vorgestellt, dass ich die Frau würge, bis sie still ist und dann ihren Rock hochschiebe und es ihr besorge. Kröpke ist nach einem Mal abspritzen schnaufend von seiner Alten heruntergerutscht. Ich könnte sie drei oder vier Mal hintereinander bumsen.

Ich bin nur gut einen Meter sechzig groß. Um die Frau verprügeln zu können, müsste ich wahrscheinlich so groß sein, wie Kröpke. Ich habe es noch nie probiert. Aber ich habe Kraft. Würgen kann ich, damit komme ich auch zum Ziel.

Mann, da musste ich zweiundzwanzig Jahre alt werden, bis der Groschen fällt. Jedenfalls weiß ich jetzt, wie ich zum Fick und zu billigem Fleisch komme.

Bevor Kröpke mich ein zweites Mal erwischt, bin ich abgehauen. Auf dem Heimweg lief plötzlich diese Frau vor mir. Sie sah aus, wie Kröpkes Alte: hochgesteckte rote Haare, rote Lippen, knielanger Rock, Hackenschuhe. Nicht besonders schlank, aber auch nicht fett. Als ich sie zufällig sah, begann ich sofort zu schwitzen, vor Aufregung. Ich biss mir bei ihrem Anblick auf die Unterlippe, bis ich blutete. Ich musste der Frau einfach folgen, das passierte ganz automatisch. Zuerst hatte sie mich nicht bemerkt. Ich bin ein guter Schleicher. Wir liefen eine Seitenstraße in Neukölln entlang, sie wollte wahrscheinlich zur Hauptstraße, um die Straßenbahn zu bekommen. Ich kenne die Gegend, wie meine Westentasche. In der Nähe war der Schwarze Weg. Ein schlecht beleuchteter Fußweg, den die Leute bei Dunkelheit meiden, weil in den Büschen mal eine tote Frau gefunden wurde. Die Rothaarige hatte wohl keine Angst vor der alten Geschichte. Aber dann war ich hinter ihr und als sie mich bemerkte, lief sie schneller. Das war ein völlig neues Gefühl, das mich sofort in einen Rausch versetzte. Ich jagte sie, und sie flüchtete. *Sie* flüchtete vor *mir* und nicht umgekehrt! Je öfter sie sich ängstlich nach mir umdrehte, desto geiler wurde ich.

Während ich an die Verfolgung zurückdenke, knete ich mein Ding.

Macht! Ich hatte Macht über sie. Nach wenigen Schritten hatte ich sie eingeholt und dann keine Sekunde gezögert. Ich wollte sie zu Boden stoßen, tat das aber so hektisch, dass ich stolperte und mit ihr zusammen fiel. Sie stürzte vornüber, lag mit dem Gesicht zum sandigen Boden. Sie quiekte, wie ein Schwein, als ich auf ihr lag, zappelte, flennte, hustete und flehte irgendetwas, das ich nicht verstand. Der Schwarze Weg neben dem Flughafen Tempelhof war abgelegen und schlecht beleuchtet. Außerdem kam hier so spät niemand entlang, weshalb ich diesen Weg so sehr mochte. Aber ich musste dennoch aufpassen, denn der Flughafen gehörte den Amis und die fuhren Patrouille. Ich hatte nicht ewig Zeit, die nächste Kontrollrunde war bald wieder fällig. Deshalb drehte ich die zappelnde und schreiende Frau auf den Rücken und griff um ihren Hals. Sie wehrte sich wie eine Furie, ich konnte sie einfach nicht würgen. Ich schlug deshalb mehrmals zu, die meisten Schläge vollführte ich ungeschickt. Sie zappelte weiterhin wild und warf ihren Kopf wie irre hin und her, sodass ich ihre Fresse mehrmals verfehlte. Zack, den Wangenknochen mit der Faust gestreift. Zack, die Braue getroffen. Ich bekam inzwischen einen Hass auf die Alte, sie brüllte immer irrsinniger, riss ihr verheultes Maul auf. Mittlerweile wurde es anstrengend für mich und meine Wut stieg, zumal ich etliche Male daneben schlug. Aber ich hörte nicht auf, zu prügeln. Da! Endlich ein Volltreffer mitten in die Fresse. Dieses Mal erstarb ihr Geschrei, sie gluckste und hustete. Ich hatte ihr einen ihrer Zähne ausgeschlagen. Aua, das tat weh, verdammt. Ich hatte eine kleine klaffende Wunde auf dem Knöchel meiner rechten Faust. Mit ihrer Zahnlücke sah sie dann noch bekloppter aus. Voller Wut kniete ich mich auf ihre Oberarme. Das hatte Oskar Lehman vor zehn Jahren in der Schule immer mit mir gemacht: Muckireiten. Ich lag dann auf dem Rücken, der fette Oskar kniete auf meinen Oberarmen und ritt mit seinen Knien auf meinen Armen.

Jetzt war ich dran mit Muckireiten. Aber es machte keinen Spaß, denn die Frau heulte nur noch mehr. Ich bekam einen Steifen, während sie unter mir wimmerte. Dann packte ich ihren Hals und drückt mit beiden Händen zu. Sie sollte endlich ruhig sein, dieses Geflenne sollte endlich aufhören. Die Frau glotzte mir direkt in die Augen. Ich weiß, dass sie darum betteln wollte, dass ich sie leben lasse. Aber ich dachte nicht im Traum daran, meinen Würgegriff zu lockern, denn mit jeder Sekunde, die verging, färbte sich ihr Gesicht dunkler und mein Schwanz wurde steifer. Ob wohl ihre Kraft in mich überfließt, während sie in meinen Händen krepiert? Der Gedanke spornte mich an, obwohl ich allmählich Krämpfe in den Armen bekam. Mann, dauerte das vielleicht lange. Ein Schwein abzustechen geht viel schneller (wegen meiner Berufserfahrungen bei Fleischermeister Kröpke kann ich das beurteilen). Einmal ins Herz gestochen und zack, fällt das Schlachtschwein um. Wenn du nicht genau triffst (oder nur etwas aus ihm herausschneiden willst, haha), quiekt es so laut, dass es dir in den Ohren pfeift. Das habe ich selbst probiert. Die aufgerissenen Augen der Schweine hatten irgendwie Ähnlichkeit mit dem Blick dieser Frau.

Erwürgen ist eine schwere Arbeit. Dauert minutenlang. Aber es macht auch mehr Spaß, als Abstechen, weil man mehr davon hat.

Die Muskeln meiner Arme und Hände brannten, als der Blick der Frau endlich leer wurde und sie aufhörte, zu zappeln. Sicherheitshalber umkrallte ich noch weiter ihre Gurgel, bis meine Hände krampften und zitterten. Mein Schweiß tropfte auf sie herab und mein eigener Körpergeruch stieg mir in die Nase. Endlich war sie tot und ich konnte von ihr heruntersteigen. Außer Atem, aber lachend, saß ich neben ihr im Dreck und ließ mich auf ihren Körper plumpsen. Ich spürte den Kampf in allen Knochen, schloss die Augen, um wieder zu normalem Atem zu kommen. Sie war genauso verschwitzt, wie ich. Aber nur mein Herz wummerte.

Scheiße!, wetterte ich flüsternd und schreckte auf. Weiter hinten auf dem Flughafengelände tauchten gelbliche Lichtkegel von Autoscheinwerfern auf. Amis auf Patrouille! Zwischen den Soldaten und mir stand ein zweieinhalb Meter hoher Maschendrahtzaun mit Stacheldrahtkrone, der sie davon abhalten würde, mich gleich zu schnappen. Wenn sie mich entdeckten, blieb mir somit noch eine gewisse Zeit, um abzuhauen. Aber so weit war es noch nicht. Ich war mit der Frau noch lange nicht fertig. Das Schönste lag noch vor mir! Jetzt wegzurennen, kam nicht infrage. Eilig zerrte ich die Tote in das nahe Gebüsch und kauerte mich zusammen. Der Jeep mit den Militärpolizisten schlich näher. Ich schloss die Augen, auf keinen Fall wollte ich die Frau verlieren. Ich presste mein Gesicht auf ihren leblosen Bauch und lauschte. Das tuckernde Motorengeräusch entfernte sich in die andere Richtung. Die Polizisten fuhren weiter. Hätten sie mich mit ihrem Suchscheinwerfer erfasst, wäre ich aufgesprungen und weggerannt. Auf der Stelle! Militärbullen sind brutale Säue. Ich kann gut rennen, mich hätten sie nicht gekriegt. So aber glitt der Lichtkegel weit über meinem Kopf hinweg und verlor sich ziellos. Der Jeep mit den nichts ahnenden Militärpolizisten tuckerte weiter.

Sobald sie außer Sicht gerieten, war es endlich so weit.

Meine Freude über das, was nun bevorstand, regte mich so sehr auf, dass ich am ganzen Körper zitterte. Ich zog meine Hosen aus, mein Schwanz stand. Dann kniete ich mich hin, zerrte den Rock der Frau hoch und bewunderte ihren weißen Slip. Schamhaare lugten seitlich hervor. Ich liebe Schamhaare. Eine Sache verdarb mir beinahe die Freude: Sie hatte eingemacht. Aber ich war einiges gewohnt. So zerrte ich unverdrossen den Slip an ihr herunter. Ihr Körper ruckelte dabei unwirklich, ich sah zu ihrem Gesicht. Es wirkte, als würde sie lachen. Ihre aufgerissenen Augen starrten Richtung Himmel, ihr Mund war leicht geöffnet. Mein Blick wanderte zurück zu ihrem entblößten Unterleib. Ich konnte meinen Saft kaum noch zurückhalten, legte ihre Beine zur Seite, sodass sie aufreizend vor mir lag. Sie wollte es – sie hat es immer gewollt, das habe ich vom ersten Augenblick an gewusst. Ich konnte mich nicht mehr zurückhalten, stürzte mich auf sie und war sofort in ihr. Nur wenige Stöße und ich spritzte ab. Danach erhob ich mich und schlich durch die Büsche, um zu prüfen, ob wir allein waren oder jemand des Weges kam. Wir waren allein. Nur diese Frau und ich in dieser Nacht, sodass ich sie nach wenigen Minuten zum zweiten Mal ficken konnte. Im Anschluss daran kleidete ich mich wieder an und konnte den letzten Teil des Spiels beginnen.

Mit einem langsam ausgeführten Schnitt zog ich die Klinge durch die Bauchdecke der Frau. Der federnde Widerstand der Haut, bis die Klinge sie durchstach, kam mit vertraut vor. Sehr vertraut. Es war schon wieder so, wie bei den Schweinen. Aber der wahre Schock ereilte mich, als die Innereien der Frau hervorquollen: War ich verrückt geworden? Bildete ich mir das nur ein, oder sahen Leber und Milz exakt so aus, wie bei einem Schwein? Ich dachte in diesem Moment, dass ich verrückt bin. Ein Mensch muss doch anders beschaffen sein als ein Tier. Meine bisherigen Schlachterfahrungen an Schweinen, Rindern, Meerschweinen, Kaninchen, Katzen, Hunden, Fischen, Vögeln und Fröschen hatten mich erwarten lassen, dass die Eingeweide von Menschen einzigartig sind. Aber die Organe glichen denen von Schweinen aufs Haar. Und sie schmecken auch so - zumindest die Nieren. Die anderen Teile werde ich noch kosten. Haha, sind Menschen Schweine?

Im Moment habe ich mich wieder in diese verlassene Laube verkrümelt. Hier ist alles, was ich brauche. Ich weiß gar nicht, warum ich hier nicht wohne und stattdessen beim Alten hause und mich von ihm verprügeln lasse. Ich sollte in die Laube ziehen. Dann hätte ich endlich meine Ruhe. Hier ist es sowieso besser als in der Stadt, wo zehn Jahre nach dem Krieg viel Häuser noch nicht restauriert oder neu aufgebaut waren. Wenn ich das durchziehe, darf ich dem Alten allerdings nie wieder über den Weg laufen.

Ich muss lüften, der Dampf der gekochten Niere stinkt gewaltig nach Pisse und die Atemluft hier drinnen wird dicke.

Dennoch bekomme ich Hunger. Immer, wenn ich aufgeregt bin, bekomme ich Hunger. Der Duft der kochenden Niere vermischt sich inzwischen verlockend mit dem Geruch der Lorbeerblätter, sie müsste langsam gar sein. Ich steche eine Gabel hinein, um das zu prüfen. Wenn Fleisch gekocht ist, lässt es sich leicht zerstechen. Als die Nutte vorhin tot vor mir lag, war ihr Fleisch noch zäh und widerspenstig.

Vorsichtig balanciere ich die Niere aus dem kochenden Wasser. Wenn sie zurück plumpst, verbrühe ich mich. Das will ich nicht. Meine Hände müssen künftig voll funktionsfähig sein.

Ich hätte gern Kartoffeln dazu, habe ich aber nicht. Später werde ich mich in den anderen Gärten umsehen, ob irgendwo Kartoffeln zu finden sind. Jetzt muss die Niere reichen. Ich schiebe mir den ersten Bissen in den Mund. Lecker. Etwas Salz fehlt.

Bis auf ein zähes Teil habe ich aufgegessen. Das gummiartige Ding nehme ich vom Teller, gehe zum Fenster, öffne es und werfe das Gefledder raus. Soll 'ne Katze fressen, den Dreck. Zurück am Tisch setze ich den Teller an den Mund und schlürfe die Brühe. Den Rest des Sudes aus dem Topf hebe ich mir für später auf. Einigermaßen gesättigt setze ich mich auf die Couch, die klamm unterm Arsch ist und nach Schimmel stinkt. Nach dem Essen muss ich mir einen runterholen. Genau, wie vor dem Essen und sonst noch mindestens dreimal am Tag.

Wie immer, wenn ich anfange, zu wichsen, muss ich an Mutters Kleiderschrank denken, in dem ich mich früher versteckte, als sie noch lebte. Ich habe da drinnen gehockt, die anderen beobachtet, meine Hosen ausgezogen und an Mutters Wäsche gerochen. Die ganze Zeit über hatte ich einen Ständer. Irgendwann habe ich angefangen, in ihre Unterhosen zu wichsen. Wenn ich könnte, würde ich das heute noch tun. Aber wenn der Alte das spitzkriegen würde, brächte er mich um.

Meine Mutter hätte was Besseres als den Alten verdient, das schwöre ich. Ich weiß, wovon ich rede. Jetzt ist sie tot. Schade. Aber sie ist selbst schuld. Immer wieder sehe ich vor mir, wie der Alte sie im Suff so lange verprügelt, bis sie nicht mehr aufsteht. Ich hatte mich nicht getraut, zu atmen, als ich dabei zusah. Plötzlich wirkte es, als hätte er mich erwischt, weil er sich abrupt umgeschaut und in meine Richtung gesehen hat. Wenn er so glotzt, sieht er noch irrsinniger aus, als sonst, denn sein rechtes Auge bewegte sich dabei normal, aber sein linkes ist ein Glasauge, das immer in dieselbe Richtung glotzt. Mit dem rechten Auge tastete er die Umgebung ab, während sein Glasauge mich die ganze Zeit über anzustarren schien. Ich hatte Glück, er wendete sich ab und ich konnte wieder Luft holen. Er denkt bis heute, dass niemand etwas mitbekommen hat. Aber ich habe es genau beobachtet, wie Mutters Kopf und ihre Arme ganz schlaff baumelten, als er sie sich über die Schultern hievte und sie aus der Wohnung schleppte. Das ist 'n paar Monate her. Sie wird nicht wiederkommen, das habe ich kapiert.

Wenn ich heute daran zurückdenke, fühle ich mich schlecht. Es war immer so aufregend, wenn sie umherlief, während ich sie aus dem Schrank heraus heimlich beobachtete. Nach einer Weile hat sie vorsichtig die Tür geöffnet. Ich habe ihr mein Ding hingehalten und sie es gegriffen und hat schnell gerubbelt. Ging ganz fix. Später hat sie ihren Rock hochgehoben, sodass ich ihre Möse sehen könnte. Aber da bin ich abgehauen. Anfangs.

Bei dem Gedanken daran spritze ich ab und schmiere den Blubber, der an meiner Hand klebt, an der Lehne der Couch ab. Schade, dass es sie nicht mehr gibt, ich habe eigentlich niemand anderen gebraucht. Wäre sie noch am Leben, hätte ich einen Plan geschmiedet, den Alten um die Ecke zu bringen. Dann hätten wir ganz normal leben können.

Aber jetzt muss ich pennen.

Ein Geräusch weckt mich. Schnell hechte ich von der Couch, bleibe in der Hocke und spähe umher. Die Angst vor meinem Alten lässt mich irgendwann noch mal in die Hosen scheißen. Dabei kennt er mein Versteck nicht, also kann er auch nicht hier sein. Vorsicht ist besser, als in die Fresse zu bekommen. Dem ist alles zuzutrauen. Deshalb kauere ich abwartend am Boden und wage nur ab und zu einen schnellen Blick. Es ist inzwischen dunkel draußen, keine Ahnung, wie spät es ist, Mitternacht? Ich lauere weiter. Minutenlang. Es bleibt still. Wahrscheinlich habe ich nur geträumt oder draußen ist ein Vieh langgelaufen. 'Ne Katze könnte den sehnigen Fleischfetzen geholt haben. Bei dem Gedanken an die Niere bekomme ich Hunger. Sachtemang erhebe ich mich, um noch mal aus dem Fenster zu schauen. Definitiv niemand zu sehen. Dennoch warte ich noch eine Weile und beobachte die Umgebung. Als ich mir sicher bin, dass die Luft rein ist, traue ich mich raus. Wird auch Zeit, ich muss aufs Klo. Ein Plumpsklo in einem kleinen Holzschuppen, ein ganzes Stück von der Laube entfernt.

Ich hätte längst zu Hause sein müssen. Auf dem Heimweg renne ich deshalb. Ich zittere, als ich aufschließe - aber heute macht der Riegel zum Glück kein lautes Knallgeräusch. Trotzdem ist es nicht sicher, dass der Alte pennt. Auf Socken schleiche ich rein. Endlich höre ich ihn schnarchen. Erleichtert gehe ich in mein Zimmer, die kleinste Kammer in der Wohnung, lege mich auf meinen Schlafplatz am Boden und schließe die Augen. Ich war noch nie so glücklich wie heute. Außer vielleicht im Kleiderschrank meiner Mutter.

KAPITEL DREI

Ewald Hölzer ist nach einem Jahr gemeinsamer Arbeit mehr denn je Brunos Vorbild. Jedenfalls, was die Arbeit bei der Kriminalpolizei anbelangt. Bruno hat den alten Haudegen schätzen gelernt, kann dessen bärbeißige Art inzwischen besser einschätzen als jeder andere und sieht das wahre, aufrichtige Gesicht des knurrigen Ermittlers. Hölzers Opiumsucht hingegen schätzt Bruno nicht. Dennoch steht er hinter seinem Chef. Bruno geht in seinen Gedanken sogar so weit, dass er Hölzer eines Tages sein Geheimnis anvertrauen kann, jene Heimlichkeit, die er nicht einmal seinen Eltern verraten würde. Aber die Zeit dafür ist noch nicht gekommen, obwohl er es kaum abwarten kann, endlich mit jemandem darüber zu reden, dem er vertraut. Bruno Renz und Ewald Hölzer kennen sich seit gut einem Jahr und Bruno hat sich in dieser Zeit auf dem gesamten Revier Respekt und Anerkennung erarbeitet. Hölzer und er verbringen sogar Zeit nach Feierabend in Hölzers Stammkneipe, dem Wissmann-Eck. Hölzer mit seinem ›kleinen Gedeck‹ vor der Nase, das aus einem Bier und einem Jacobi 1880 besteht und von der Wirtin Maria ohne Aufforderung neu aufgefüllt wird. Und

Bruno, weil er Bier nicht mag, Cola mit Jacobi. Ein paar Mal war es nach sechs oder sieben Jacobi-Cola beinahe so weit, dass er Hölzer flüsternd gestanden hätte, homosexuell zu sein. Irgendetwas hielt ihn aber immer davon ab und er dachte voller Angst daran, dass seine Neigung nach §175 ›widernatürliche Unzucht‹ bedeutet und als schwere Straftat mit Gefängnisstrafen bis zu fünf Jahren belegt werden kann. Auch eine chemische Kastration konnte die Folge sein. Wenngleich in Bruno der Wunsch, sich jemandem anzuvertrauen, längst zu einem unbändigen Drang wurde, hielten ihn die möglicherweise drohenden Konsequenzen bis heute davon ab. Je mehr Jacobi-Cola er intus hatte, desto mehr quälte ihn jedes Mal der Umstand, ein Leben der Selbstverleugnung und der Angst leben zu müssen.

Kriminalhauptkommissar Ewald Hölzer hat sich seit gestern nicht gemeldet. Es kam schon mal vor, dass Hölzer länger schlief. Aber nicht zwei Tage lang. Erste Fragen nach dem Verbleib seines Chefs kamen auf, die Bruno mit lapidaren Lügen beiseiteschob: Hölzer sei im Außendienst, er sei beim Zahnarzt oder ein Rohrbruch zu Hause erfordere seine Anwesenheit. Nun plagen Bruno zwei Sorgen: Erstens war es um Hölzers Gesundheit in letzter Zeit nicht gut bestellt. Er schnaufte wie ein Ross, wenn sie Treppen stiegen oder jemandem hinterherrannten. Zweitens konnte er wieder in einer Opiumhöhle hängen geblieben sein. Von diesen Relikten aus vergangenen Tagen gibt es noch drei Stück in Berlin. In allen dreien ist Hölzer Stammkunde. Vielleicht ist auch etwas ganz Anderes der Grund für Hölzers Verschwinden. So oder so muss Bruno sich heute darum kümmern.

. . .

Er parkt den VW Käfer gegenüber der Wissmannstraße neunundvierzig und behält den Eingang zwei Häuser weiter einige Minuten lang im Blick. Vor der Haustür parkt ein grüner DKW F89 und in einiger Entfernung ein schwarzer VW Käfer. Alles wirkt ruhig und unauffällig, sodass Bruno aussteigt und zu dem Haus geht, in dem sich eine der drei Opiumhöhlen befindet. Er stößt die hölzerne Tür auf und stürmt in das brackige Haus. Sofort wendet sich ihm ein bulliger Typ mit grimmigem Blick zu und blafft ihn an. »He, verdufte gefälligst, Bürschchen!«

Renz verpasst dem Ochsen unbeeindruckt einen gekonnten Hieb auf den Solarplexus – das hat ihm Kollege Mücke beigebracht. »Argh«, grunzt der Türsteher nach Luft japsend, verdreht die Augen und sackt zu Boden. Bruno ist schon mehrere Schritte voran in das Gebäude hinein gestürmt, als ein weiterer Aufpasser mit einer langen Narbe über der rechten Wange sich vor ihm brüstet. Bruno zieht flink seine Walther 38 und drückt den Lauf schmerzhaft unter die Nase des Aufpassers. »Wo ist Hölzer?«, presst er nachdrücklich hervor und fixiert das Narbengesicht. Der glotzt ihn hasserfüllt an. »Keine Ahnung und jetzt verpiss dich.«

Bruno drückt seine Walter noch fester unter Narbengesichts Nase, sodass Blut sickert. »Noch mal zum Mitschreiben für Vollidioten: Wo ist Hölzer?«

Eine stille Träne des Schmerzes füllt Narbengesichts linkes Auge. Bruno bleibt wachsam. Narbengesicht scheint zu überlegen, was der klügste nächste Schritt sein würde. Gut so! Dabei wandert Narbengesichts Blick unterbewusst zu dem schmalen Gang links. Bruno wirft einen schnellen Blick in die Richtung, erfasst Narbengesicht aber sofort wieder unnachgiebig. »Du bleibst hier stehen, bis ich da wieder raus bin. Kommst du auf dumme Ideen, mache ich dich fertig, klar?«

Das Narbengesicht blinzelt nur wütend, Bruno drückt seine Wumme noch immer unter Narbengesichts Nase. »Ich habe mir deine dämliche Visage eingeprägt, ich finde dich, verlass dich drauf.« Bruno wischt den Lauf der Waffe am Hemd des malträtierten Türstehers ab und steckt sie zurück ins Holster. Narbengesicht behält er dabei in jeder Sekunde im Blick. Der Kerl rührt sich nicht. Brav!

Das sind wichtige Erfahrungen, die Bruno während gemeinsamer Streifen in den vergangenen Monaten von Mücke und seinem Chef Hölzer gelernt hat: In dieser Gegend hat derjenige Oberhand, der unerschrockener ist. Bruno geht achtlos an Narbengesicht vorüber, hin zu der Tür, am Ende des Ganges, hinter der er seinen älteren Kollegen Hölzer wähnt. Er stößt die Tür auf und stürmt sogleich in den Raum. Schwaden von Opiumrauch quellen ihm entgegen, Bruno könnte kotzen. Durch die Schwaden hindurch erkennt er seinen Chef, der mit verdrehtem Blick auf einem Kanapee liegt. »Hölzer!«, schreit Renz seinen Chef an, packt ihn und schüttelt ihn, sodass dessen Kopf hin und her schlägt. »Wir haben eine weitere Leiche!«

Hölzers Blick klärt sich allmählich. »Eine, wie Gabi Feiler, vor einem Jahr, stimmts?«, stammelt er.

»Genau das.« Bruno zerrt am Arm seines Chefs, um ihm aufzuhelfen. Hölzer jedoch ist so stark benebelt, dass er immer wieder zurücksinkt und nur mit Mühe auf die Beine kommt. Gleichwohl scheint er den Ernst der Lage begriffen zu haben. »Das darf nicht wahr sein!«, lallt er und wankt. Bruno greift ihm unter die Arme. »Wir hatten länger als ein Jahr lang Ruhe. Wo kommt dieses perverse Schwein plötzlich wieder her?«

Bruno hasst Drogen. Der schwere Opiumdunst lässt ihn würgen und löst Angst in ihm aus. Dennoch bleibt er sachlich. »Wir wissen so gut wie nichts. Nur, dass, wie bei Gabi Feiler – dem Opfer aus dem letzten Jahr, die Organe entnommen und teilweise entwendet wurden.«

Hölzer dämmert wieder weg. Bruno platzt der Kragen.

»Reißen Sie sich zusammen, Chef! Wir haben jetzt einen Serienmörder in Berlin, begreifen Sie das?«

Hölzer kämpft gegen seinen Dämmerzustand an. »Scheiße!«, stammelt er. »Warum ist diese Drecksau nur zurückgekehrt?«, und würgt. Renz greift ihm unter die Achseln, zerrt ihn über ein Klobecken im angrenzenden Raum und wendet sich angeekelt ab. Als Hölzer fertig damit ist, sich zu erbrechen, reicht Renz ihm ein Taschentuch. Hölzer grapscht es grantig und wischt sich die Kotze vom Mund. »Ich knalle die Drecksau einfach ab«, raunt Hölzer, legt die Hand auf das Holster seiner Dienstpistole und versucht, sie herauszuziehen.

»Ruhig Blut, Chef.« Bruno ist einmal mehr der Vernünftigere. Er zerrt die störrische Hand seines Chefs von dessen Holster und stützt ihn. Hölzer schüttelt sich und wehrt Brunos Hilfe barsch ab. »Schon gut, Grünschnabel. Kannst es wohl kaum erwarten, meine Position zu bekleiden, was?«

»Chef, bitte! Sie wissen, dass das nicht stimmt. Wir haben jetzt wirklich ernstere Probleme vor der Brust. Da draußen ist ein Serienmörder und es gibt niemanden, der uns dabei hilft, den Kerl festzunageln.« Bruno fixiert seinen Vorgesetzten. Hölzer wischt mit dem Jackenärmel über seine Stirn. »Wir fahren vorher zum Revier!«

* * *

Als Hölzer sich genügend Wasser ins Gesicht geworfen und gründlich abgetrocknet hat, schaut er in den hoch hängenden Spiegel der Toilette des Reviers. Draußen ist der übliche Tumult im Gange, Schläger, Diebe und Nutten, die lautstark gegen ihre Festnahme aufbegehren. All das hätte Hölzer sich und seinem jungen Kollegen ersparen können, hätte er nur vernünftig gehandelt und Senator Gräfe gegenüber klein beigegeben. Dann hätten sie auch ein so schönes Büro wie die anderen Kriminalpolizisten. Eher würde er bei einer handfesten Schlägerei oder einer Schießerei den Löffel abgeben, als diesem Schleimscheißer in den Arsch zu kriechen. Andererseits hängt Hölzer dieser erbärmliche Dreck, den er seit dreißig Jahren bekämpft, zum Halse raus. Er denkt immer öfter an seine Pensionierung, die allerdings noch zehn Jahre in der Zukunft liegt.

Abermals betrachtet er sein Antlitz in dem verblassten Spiegel. Seit Gerda vor zehn Jahren an Tuberkulose verreckt ist, hat er nichts als die Arbeit und die Eckkneipe gesehen. Er ist vor dem Leben da draußen davongelaufen, weil er dachte, dass es irgendwann nicht mehr wehtut. Längst weiß er, dass es sich nie ändern wird, dieses Gefühl, als würde sein Innerstes zerreißen, wenn er an Gerda denkt. So wie jetzt gerade.

Seine Arme, auf die er sich stützt, zittern. Die nächste Opiumreise wäre fällig. Jeff, der Ami, der ihm das Zeug besorgt, ist zuverlässig. Ein Kinderspiel also, die nächste Dosis zu besorgen. Aber wenn Bruno recht hat und ein weiterer Ritualmord der gleichen Art wie vor einem Jahr vorliegt, würden er und Bruno bis zur Hutkrempe in der Scheiße stecken. Senator Gräfe hat den Fall Gabi Feiler vor einem Jahr persönlich für abgeschlossen erklärt. *Ein für alle Mal, merken Sie sich das!,* hatte Gräfe damals deutlich gemacht. *Einen Serienmörder in Berlin hat es nie gegeben und wird es auch nie geben!* Der Karriereweg des Senators sollte unter allen Umständen makellos bleiben. Einen Serienmörder, der nicht zu fassen war, durfte es nicht geben. Wie sollten Bruno und er das lösen?

Hölzer ballt die Fäuste. Bruno und er stehen definitiv allein da. Senator Gräfe wird dafür sorgen, dass sie als Spinner abgestempelt werden und niemand sich traut, den beiden, entgegen der offiziellen Anordnung, zu helfen. Genauso, wie es schon bei dem ersten perversen Mord der gleichen Art vor einem Jahr war. Man wird ihn und Bruno wieder von allen Seiten skeptisch betrachten. Weder der Polizeipräsident noch der Innensenator werden sich die Finger verbrennen wollen. Die Herrschaften werden unterm Radar bleiben und erst in die Kameras grinsen, wenn der Fall gelöst ist. Falls es jemals dazu kommt. Andernfalls schieben sie natürlich Hölzer die Verantwortung zu.

Es klopft wild an der Toilettentür, Ewald Hölzer hört Brunos Stimme vom Flur her. »Chef, Sie müssen rauskommen. Senator Gräfe ist am Telefon.«

»Der Affenzirkus geht los«, flucht Hölzer leise und belässt den Blick im Spiegel. »Aber einfach werde ich es dir nicht machen, Herr Senator!« Er zieht die Tür auf und tritt in den Flur.

»Senator Gräfe klingt ziemlich aufgebracht, Chef.«

»Schon gut, ich komme ja schon«, murrt Hölzer. Er durchquert die Dienststube, geht in seinen Glaskasten und deutet Bruno an, ihm zu folgen. »Setz dich«, sagt er halblaut und weist auf den Besucherstuhl aus dunklem Holz neben seinem Schreibtisch, der schon einige Jahre auf dem Buckel hat. Hölzer nimmt den Mithörer aus der Gabel und reicht ihn Renz. Dann hebt er den schwarzen Telefonhörer vom Schreibtisch und hält ihn sich ans Ohr. »Hier Oberkommissar Hölzer, guten Tag, Herr Senator.«

»Was ist das schon wieder für ein verdammter Mist, Hölzer? Renz sagt, wir haben einen Serienmörder? Geht derselbe Unfug los, wie im letzten Jahr? Ich hatte doch hoffentlich deutlich gemacht, dass ich derlei unqualifizierte Spekulationen nicht wünsche.« Hölzer hört den Senator wütend schnaufen und leise fluchen. »Was ist Ihre Meinung dazu, Hölzer?«

Kriminalhauptkommissar Hölzer durchschaut sofort, was Senator Gräfe zu gern hören würde und dass der Senator gerade den Weg dazu geebnet hat, den jungen Kollegen allein mit dessen Einschätzung dastehen zu lassen. Eine erstklassige Gelegenheit, sich anzudienen. Aber Hölzer wird ihm einen dicken Haufen scheißen. Er kann diesen karrieregeilen Fatzke nicht ausstehen. »Ich schließe mich der Meinung des jungen Kollegen Renz an, Herr Senator. Alle Anzeichen deuten darauf hin, dass es sich um denselben Täter handelt, wie im Fall ›Gabi Feiler‹ vor einem Jahr.«

»Jetzt hören Sie mir mal gut zu, Hölzer«, blökt Senator Gräfe so laut, dass Bruno kurz den Mithörer in einigem Abstand zu seinem Ohr hält. Hölzer grinst nur.

»Einen Serienmörder als solchen zu identifizieren, bedarf einer gesonderten Ausbildung, wie zum Beispiel amerikanische Ermittler sie aufweisen können. Haben Sie eine solche Ausbildung, Hölzer?« Senator Gräfe wartet Hölzers Antwort nicht ab. »Ich habe vor Kurzem an einem Austauschprogramm mit amerikanischen Kollegen teilgenommen und kann Ihnen sagen, dass eine ganze Menge dazugehört, um solche Analysen treffen zu können. Sie, Hölzer, sind stinknormaler Kriminalbeamter in Berlin und kein amerikanischer Ermittler, merken Sie sich das. Bevor mir ein vorschneller Polizist mit einer derartigen Schreckensmeldung an den Zaum pinkelt, säge ich ihn ab. Haben Sie das kapiert, Hölzer?«

Brunos Gesicht ist kalkweiß, er sieht seinen Chef Hölzer fragend an. Hölzer legt seine Beine auf den Schreibtisch, zündet sich eine Overstolz ohne Filter an, inhaliert genießerisch und bläst den blauen Dunst dann über sich in die Luft. »Wie Sie meinen, Herr Senator.«

Senator Gräfe zögert für einen Augenblick, meldet sich dann wieder zu Wort. »Einfach so, Hölzer? Seit wann geben Sie so schnell klein bei? Ich bin fast ein wenig enttäuscht.«

»Kein Problem, Herr Senator. Sie haben den Hut auf und bestimmen die Marschrichtung. Ich werde Herrn Gärtner entsprechend antworten.«

»Gärtner?«, keift Senator Gräfe hysterisch. »Etwa Karl-Heinz Gärtner von der Berliner Zeitung?«

»Ja, Kalle Gärtner.«

»*Kalle*, duzen Sie sich eigentlich mit jedem? Sagen Sie den Termin mit diesem Reporter ab, und zwar unverzüglich. Sie werden auf keinen Fall mit der Presse reden. Weder mit Gärtner, noch mit sonst einem dieser Aasgeier. Unter allen Umständen werden Sie verhindern, dass in irgendeinem Schmierenblatt von einem Serienmörder geschrieben wird. Außerdem muss ich Ihnen hoffentlich nicht erklären, dass Polizeibeamte ihre Erkenntnisse nicht an Pressefritzen herausgeben dürfen. Haben wir uns verstanden, Hölzer?«

»Kalle hat bestimmt schon Wind von der Sache bekommen, Herr Senator. Soll ich ihm gegenüber etwa zugeben, dass er etwas weiß, wovon die Kriminalpolizei keine Ahnung hat? Das gäbe morgen eine Schlagzeile!«

»Herrgott noch mal Hölzer! Muss ich denn wirklich jeden Schritt für Sie erdenken? Sie berufen sich natürlich darauf, dass Sie zu laufenden Ermittlungen keine Auskünfte geben dürfen.«

»Dazu müsste es aber Ermittlungen geben, Herr Senator. Richtige Ermittlungen und nicht geschlossene Akten.«

»Was wollen Sie damit andeuten, Hölzer?«

Ewald Hölzer wusste, dass er den Senator an der Angel hatte. »Nun, wo Kalle uns im Nacken sitzt, sollten wir in alle Richtungen ermitteln, auch im Fall ›Gabi Feiler‹. Ansonsten fällt uns das irgendwann auf die Füße. Ich sehe schon die Schlagzeilen: *Hat die Berliner Polizei der Öffentlichkeit einen Serienmörder vorenthalten?*«

»Natürlich gibt es Ermittlungen, wenn es eine Tote gibt, wo denken Sie hin, Hölzer? Aber es gibt keinen Serienmörder! Und jetzt rauben Sie mir nicht weiter meine kostbare Zeit.«

Hölzer grinst Bruno genussfreudig an, legt dann eine

gespielt bedauernde Miene auf. »Wenn ich nur wüsste, wie ich das anstelle. Da muss ich mir aber etwas wirklich Kluges einfallen lassen, denn Kalle steht schon vor meinem Büro und winkt mir durch die Glasscheibe zu.« Hölzer winkt Richtung Polizeistube vor seinem Büro, als würde er einen guten Freund begrüßen. Bruno dreht sich um, kann aber keinen Reporter sehen, zumal alle Scheiben mit Bildern zugepflastert sind. Bruno begreift Hölzers Finte und hält sich lachend die Hand vor den Mund.

»Lassen Sie sich etwas einfallen, Hölzer!«

»Wie Sie wünschen, Chef. Obwohl ...«

»Was denn noch?«

»Sie wissen doch, Chef, es ist nicht gerade meine Stärke, klug zu denken. Ich bin schließlich kein amerikanischer Ermittler.«

»Was wollen Sie mir sagen, Hölzer?«

»Na ja, ist es nicht vielleicht besser, wenn Sie das übernehmen und mit Kalle reden?«

»Ich?« Der Senator keift so laut, dass seine Stimme im Hörer schnarrt. »Ich bin vielbeschäftigt und habe wahrlich Wichtigeres zu tun. Sie haben verstanden, worum es geht! Dafür wird Ihre Hirnkapazität gerade noch ausreichen, Hölzer. Und jetzt bewegen Sie sich und regeln das!«

Ein lautes Knacken bestätigt, dass der Senator das Telefonat beendet hat.

»Puh, der war ja wieder übel gelaunt.«

»Mach dir keine Sorgen, Bruno. Die Hauptsache ist, dass wir ihn erst mal los sind und dass wir offiziell in beiden Mordfällen ermitteln. Und jetzt lass uns endlich zum Fundort der Leiche fahren.«

* * *

KHK Ewald Hölzer klatscht sich wütend mit der flachen Hand in den Nacken. »Ich hasse Mücken.« Dann starrt er wieder bestürzt auf die Leiche, die im Berliner Grunewald von einem Jäger gefunden wurde. Weiblich, wie an den gespreizten Beinen zu erkennen ist. Einen Busen lässt der blutverschmierte Körper kaum erkennen, auch die Gliedmaßen sind zierlich, ein sehr junges Mädchen.

Das Surren der Fliegen, die sich immer wieder in Scharen auf die Leiche setzen und kurz darauf wieder von ihr los schwirren, hört Hölzer so deutlich, als würden die Viecher ihn umschwirren. Er fuchtelt mit einem Stofftaschentuch vor sich herum. Hölzer hasst auch Fliegen.

Die Bauchdecke des Opfers ist mit einem langen senkrechten Schnitt und zwei weiteren quer verlaufenden Schnitten geöffnet worden. Zu beiden Seiten des Torsos klaffen Fleischlappen herunter. Innereien hängen heraus. Hölzer kann nicht definieren, um welche Organe es sich handelt. Professor Dr. Dr. Trautwein kniet dicht vor der Leiche und arbeitet konzentriert mit Pinzette und Lupe. Bruno Renz ist dicht bei dem Professor. Hölzer hat längst kapiert, dass er den Frischling unterschätzt hat, als der ihm vor einem Jahr an die Seite gestellt wurde. Damals wollte er den Burschen schnell wieder loswerden. Heute denkt er manchmal, dass er ohne den Jungen die ganze Scheiße einfach hinschmeißen würde. Wedelnd fragt sich Hölzer, warum der Professor und Bruno diese ekelhaften Fliegen einfach gewähren lassen. Klatschend erwischt er eine Mücke an seiner Wange. »Als würden Fliegen nicht genügen.« Das Mistvieh klebt an seinen Fingern, mit ihm ein fetter Blutfleck. »Scheiße!« Er wischt sich mit seinem Taschentuch die Blutreste von der Wange und wedelt weiter.

Hölzer ist übel, die Hitze quält ihn und von dem Fundort her weht nun ein durchdringender Geruch von Fäkalien und Fäulnis zu ihm herüber. Kalter Schweiß überzieht seinen ganzen Körper. Nicht nur des Gestanks wegen. Vielmehr muss er die Sache mit dem Opium in den Griff bekommen! »Verdammt, das ist doch noch ein Kind«, stöhnt er, als er seinen Blick wieder auf die Leiche richtet.

»Brigitte Sutter, zwölf Jahre alt.« Professor Dr. Dr. Trautwein reicht Bruno den Bibliotheksausweis des Mädchens, ohne den Blick von der Toten zu wenden. Bruno erhebt sich und übergibt ihn an Hölzer, der lange auf das kleine Passbild schaut. Das Bild ist vielleicht vor ein oder zwei Jahren entstanden. Das Mädchen ist jedoch eindeutig auf dem Foto zu erkennen. Allerdings wirkt sie darauf noch kindlicher als das starr verzerrte Gesicht der Leiche. Vielleicht liegt das auch daran, dass der Mund der Toten aufgerissen klafft und ihre Pupillen von einem trüben Schleier überzogen sind. In tote Augen hat Hölzer schon mehrmals gesehen. Ein derart zugerichtetes Kind hatte er noch nie vor sich. Keiner der Anwesenden redet viel, nur der Professor brabbelt gelegentlich etwas, Bruno nickt dann oder antwortet knapp. Während die beiden sich am geöffneten Körper zu schaffen machen, sammeln sich so viele Fliegen in den Augen und im Mund der Leiche, dass beinahe nichts anderes mehr zu sehen ist. Hölzer ist kurz davor, hinzugehen, und sie mit seinem wedelnden Taschentuch zu verscheuchen.

Ein Leichenwagen fährt vor, Bruno erhebt sich, und winkt die beiden Männer, die aus dem schwarzen Kombi steigen, zum Fundort und kniet sich gleich wieder zum Professor. Hölzer beobachtet wedelnd die willkommene Abwechslung. Die Männer quälen sich mit dem Zinksarg durch Büsche. Einem der beiden wird von einem Ast die Dienstmütze vom Kopf gerissen. Er flucht. Hölzer kann nicht verstehen, was er schimpft, aber die Miene des Mannes spricht Bände. Als er seine Kopfbedeckung wieder trägt, heben die beiden den Zinksarg wieder auf, sind schnell am Fundort und stellen ihn ab. Der vorausgehende Bestatter erblickt die Tote, richtet sich auf und zieht in Zeitlupe seine Mütze vom Kopf. Der zweite stellt sich neben seinen Kollegen und tut es ihm gleich. Hölzer weiß, was sie denken. Auch sie haben nicht alle Tage ein totes Kind vor sich. Aber jeder hat ein Kind in dem Alter in der Familie.

Der Professor klappt seine Tasche zusammen, erhebt sich und kommt auf Hölzer zu. »Lassen Sie sie in mein Institut in die Charité bringen. Dort kann ich sie genauer untersuchen. Hier und jetzt kann ich so viel sagen, dass der Tod heute Nacht eingetreten ist und dass der Fundort aller Wahrscheinlichkeit nach auch der Tatort ist. Die Menge Blut, die hier zu finden ist, lässt diesen Schluss zu.«

»Wurde sie vergewaltigt?«

»Mein erster Eindruck bestätigt das, Genaueres kann ich erst nach der Obduktion sagen, Herr Hölzer.«

»Lebte sie noch, als sie vergewaltigt wurde?«

»Ich weiß, worauf Sie hinaus wollen, Herr Kommissar. Ich sehe eindeutige Parallelen zu dem Fall Gabi Feiler im letzten Jahr. Aber wie gesagt, Genaueres nach der Obduktion.«

Hölzer klatscht sich gegen den Hals. »Definitiv ein Serienmörder!«

KAPITEL VIER

Ich kann nicht mehr zählen, wie oft es schiefging. Zehnmal? Zwanzigmal? Ich weiß es wirklich nicht. Ist ja auch egal. Es ist so oder so immer das Gleiche: Ich sehe eine Frau, traue mich nicht, sie anzusprechen, also schleiche ich ihr heimlich hinterher. Aus meiner Deckung heraus hoffe ich, dass sich noch eine günstige Gelegenheit ergibt: Am besten sollte sie überhaupt nicht reden, wenn ich mich zeige, sondern einfach die Beine breitmachen. Während ich sie im Blick behalte und von einer Deckung zur nächsten pirsche, bin ich bereit. Mein Ständer ist prall und ich stelle mir vor, dass auch sie es will. Sie zeigt es nur nicht gleich so. Wie alle Weiber. Das habe ich von meinem Vater gelernt.

In der Zeit, in der ich der Frau folge, sehe ich nur Titten und Mösen vor meinem inneren Auge. Während ich sie aus meinem Versteck heraus beobachte, kommen meine Gedanken in Gang. *Bestimmt ist sie genauso geil, wie ich und wartet nur darauf, von mir gefickt zu werden. Sie will es! Sie will es!* Es kommt vor, dass ich mich nicht mehr zurückhalten kann. Dann hole ich mir schnell einen runter, während ich sie unbemerkt angaffe, und kehre anschließend um, gehe nach Hause, zu meinem Vater, bei dem ich wohne.

Wenn ich nicht wie unter Zwang gewichst habe, folge ich der Unbekannten weiter. Es gibt dann kaum etwas, das mich davon abbringt. Ich muss wissen, ob sie genauso geil ist, wie ich. Ich will mich vor sie stellen, ihr meinen Ständer zeigen und ihr dabei in die Augen sehen. Zu diesem Zeitpunkt bin ich so erregt, dass ich nicht mehr klar denken kann, ich muss abspritzen, am liebsten in ihrer Muschi. Aber das geht meistens nicht, wenn sie kreischt, nach Hilfe schreit, wild um sich haut, kratzt und was weiß ich, auf was für Ideen Weiber so alles kommen. Manchmal wird irgendwo ein Fenster aufgerissen und jemand brüllt raus oder ich bin sonst wie abgelenkt und sie kann mir entwischen.

Mein Gott, ich zeige denen doch nur meinen Ständer. Die tun ja so, als würde ich ihnen eine Waffe vorhalten. Ich kann es denen fünf oder auch siebenmal hintereinander besorgen. Was also gibt es da zu kreischen?

Das geht auf Dauer natürlich nicht gut. Irgendwann steht vielleicht mal eine von denen vor mir und erkennt mich, weshalb ich es auch meistens dabei belasse, mir unbemerkt einen runterzuholen, und mich anschließend klammheimlich wieder zu verdrücken.

Ganz gleich, wie oft ich mich selbst befriedige, ich muss immer wieder an die Frau im letzten Jahr denken, die ich erwürgt und gefickt habe und der ich danach die Eingeweide herausgetrennt habe. Diese Drecksau war ein Hochgenuss. Sie hat gleich angefangen, zu winseln. Aber nur ganz leise:

Bitte, tun Sie mir nichts – wollen Sie mein Geld? Bla bla.

Geld? Keine schlechte Idee. Ich habe es mitgenommen. Aber erst, nachdem ich sie fertiggemacht habe. Und ihren Slip habe ich auch mitgenommen, haha. Inzwischen ist das Geld alle.

. . .

Die Kleine, die ich gerade verfolge, ist noch eine Klasse besser. Sensationell. So unerfahren, so hilflos. Immer wieder husche ich in Deckung, weil sie andauernd hinter sich sieht. Sie trägt einen blauen Faltenrock, weiße Kniestrümpfe und eine weiße Bluse. Ihre Beine sind dürr. Als ich nahe genug bin, um ihr Gesicht genauer zu erkennen, bemerke ich, dass sie noch ein Kind ist. Lüstern knete ich mein Ding, derweil sie wieder über ihre Schulter zurückblickt. Noch trägt sie Zöpfe, aber sie wird einmal eine dieser stolzen Schönheiten werden, der die Männer hinterhersteigen. Ich werde der Erste sein.

Die Vorstellung von ihrem nackten Körper lässt den Saft beinahe von allein aus meinem Schwanz schießen. Ich muss nur ein wenig nachhelfen und spritze in meine Hose. Ich ekele mich vor dem Gestank von Wichse. Das erinnert mich an den Geruch im Schlafzimmer meines Vaters. Aber das wird *sie* ertragen müssen, nicht ich. Wie sie da so vor mir herläuft ...

Diese Angst in ihren Augen, als sie sich zu mir umdreht ... Sie ist es! Sie wird mir keine klatschen, sie wird nicht schreien und sie wird auch nicht weglaufen. Dieses Mädchen wird sich mir ohne Widerstand hingeben.

Sie soll mich hören, deshalb raschele ich mit einem Ast. Aber sie wendet sich nicht um. Selbst, als ich unvorsichtig aus meiner Deckung hervortrete, ihr mit schnellen Schritten folge und schließlich nahe hinter ihr bin, läuft sie einfach weiter. Sie muss mich gehört haben, aber sie beschleunigt nicht einmal ihre Schritte. Kurz zögere ich, ist sie etwa doch eine dieser Schlampen, die losschreien?

Wutentbrannt packe ich ihren Hals von hinten und drücke zu »Halt dein Maul«, raune ich ihr dabei zu und spüre diese erregende Macht, die ich über sie habe. Ich zerre sie in ein nahes Gebüsch; sie ist so leicht. Als wir weit genug vom Weg entfernt sind, werfe ich sie zu Boden. Sie glotzt mich aus aufgerissenen Kinderaugen an. Dieser panische Blick ist erregend. Ich knie mich auf ihren Oberkörper. Wie bei der Frau im letzten Jahr setze ich meine Knie auf die Oberarme des Mädchens. Sie kann sich nicht mehr wehren. Ich balle meine Fäuste und spanne alle Muskeln meines Körpers an. »Ich bin stärker«, raune ich ihr zu. Tränen laufen an den Seiten ihres Gesichts herunter, aber sie sagt noch immer kein Wort. Was für ein Glücksfall. Sie ist der Traum meiner onanierenden Nächte. Ich beuge mich zu ihr herunter, sauge ihren Geruch ein und lecke über ihre Wange. Ihr hechelnder Atem weht mir entgegen, der unbefleckte Atem einer Jungfrau. Abermals presse ich meine Finger um ihren Hals, drücke zu, so fest ich kann. Der Schweiß auf meiner Stirn tropft herunter. Ihr Körper regt sich, doch es ist eine merkwürdig mickrige Gegenwehr. Ganz so einfach macht es aber auch keinen Spaß. Ich will, dass sie mit mir kämpft. Nur ein bisschen. Mit einem Mal bewegt sie sich überhaupt nicht mehr. Für einen Moment komme ich aus dem Konzept und nehme vorsichtig meine Hände von ihrem Hals. Sie bleibt reglos. Ich kapiere nicht, was geschehen ist, gehe nahe an ihr Gesicht heran. Sie atmet nicht mehr. Das ging aber schnell! Ganz anders, als bei der Frau vor einem Jahr. Sollte es so sein, dass Kinder schneller und ruhiger sterben, werde ich mich auf sie spezialisieren. So ist alles einfacher und schöner.

Ich lasse mich neben dem Kind auf den Boden sinken, um zu entspannen. Ich bin hundemüde, weshalb ich kurz die Augen schließe. Aber ich bin auch hungrig und geil, das bringt also nichts, ich muss weitermachen. Behäbig stütze ich mich auf den Ellenbogen und schaue sie mir genauer an. Mein Blick gleitet an dem Körper des toten Mädchens entlang. Sie reckt ihr Kinn in die Höhe, der Mund ist geöffnet, im Weiß ihrer Augen zeichnen sich rote Risse ab, alles, wie bei der ersten Frau. Der oberste Knopf ihrer weißen Bluse ist abgerissen und lässt das langweilige Kleidungsstück

bis ich abspritze. Danach falle ich schnaufend neben das Mädchen.

Als mein Herzschlag ruhiger wird, fühle ich mit geschlossenen Augen ihren Slip in meiner Hand. Ich nehme ihn vor mein Gesicht, fahre mit der Zunge über die Baumwolle des Stegs, schmecke Salz, ganz fein. Ich habe nun zwei Slips in meiner kleinen Sammlung. Der erste stammt von der Frau aus dem letzten Jahr. Den habe ich so oft beim Wichsen unter meinen Sack gerieben, dass er längst langweilig geworden ist. Seit heute habe ich einen zweiten, frischen, den ich mir noch immer vors Gesicht halte und tiefe Atemzüge durch ihn hindurch schnuppere. Ein Hauch von Pisse, ich liebe diesen Duft und habe schon wieder mein Ding in der Hand und reibe es.

Zu gern würde ich es der Kleinen noch einmal besorgen. Aber vom Weg her höre ich leise die Stimmen von zwei Menschen. Ich spähe dort hin, eine Frau und ein Mann. Ich ziehe den Kopf wieder ein und warte, bis die beiden sich wieder entfernt haben. Ob es besonders geil ist, ein Paar zu überfallen? Ich habe noch etwas zu erledigen, bevor ich nach Hause gehe. Vorsichtig drehe ich das Mädchen auf den Bauch, sodass ich ihre Rückansicht sehen kann. Da, wo sich bei einem Schwein die Filets befinden, hat dieses Mädchen nur Haut und Knochen. Das enttäuscht mich. Ich wollte meinem Vater doch Filets kochen. Mein Blick fällt auf die Arschbacken des Mädchens. Ich greife mit den Fingerspitzen zu und drücke ihr Fleisch. Schön fest und mager. Dann klappe ich mein Messer auf.

* * *

Ich hasse meinen Alten. Er hat gestern Abend gefressen, wie ein Tier, ich habe kaum etwas abbekommen. Die Arschbacken der Kleinen waren zart. »Schweinefilet«, hatte ich gelogen, wollte damit ein Gespräch anfangen. Aber er ist nicht darauf eingegangen, hat nur gerülpst. Zwischendurch hat er einmal kauend zu mir gesehen. Sein rechtes Auge erfasste mich, während sein Glasauge weiter auf den Tisch starrte. Ich habe eine riesige Angst, wenn er so zu mir herüberschielt. Ich denke dann immer daran zurück, als ich ihn dabei beobachtet habe, wie er meine Mutter erschlagen hat. Er hat schnell wieder auf seinen Teller geglotzt. Zum Glück. Nach dem Essen hat er sich besoffen, wie immer, hat mir Prügel angedroht, weil ich ihm kein Geld geben konnte, und ist irgendwann in sein Zimmer getorkelt. Wieso muss ich eigentlich die winzige Kammer neben der Küche bewohnen, während der Alte das riesige Schlafzimmer beansprucht und zwei weitere Zimmer leer stehen? Wenn die Gelegenheit dazu da ist, werde ich ihn das fragen.

Es ist Montag früh, der Morgen danach, und ich bin auf dem Weg zu meiner neuen Arbeit als Diener in der Charité. Ich würde jetzt lieber noch pennen, aber mein Alter zwingt mich, Kohle ranzuschaffen. Wenn ich wüsste, wie man eine eigene Wohnung bekommt, würde ich ausziehen. Dann könnte ich, wie der Alte, tun und lassen, was ich will. Ich habe es ja schon einmal versucht, als vor drei Monaten Frau Weber aus dem Nebenhaus abgekratzt ist und ihre Wohnung frei wurde. Da bin ich einfach dort hingegangen, war neugierig, wollte wissen, ob die Weber vielleicht noch in ihrer Bude liegt. Dann hätte ich einen Blick erhaschen können. Aber sie war nicht mehr da. Stattdessen lief der Vermieter herum und hat mich sofort in ein Gespräch verwickelt. Er hat lauter Fragen gestellt, auf die ich keine Antworten wusste. Da bin ich abgehauen.

Die Straßenbahn steht noch nicht, doch ich springe schon heraus und flitze über die Invalidenstraße. Zwar ist der

Fußweg zum Robert-Koch-Platz nur ein paar Minuten lang und mein Dienstantritt beginnt erst in einer halben Stunde. Aber ich will nicht riskieren, zu spät zu kommen und den Job zu verlieren. Erstens prügelt mein Alter mich dann windelweich. Und zweitens ist die Arbeit fast so gut, wie bei Fleischermeister Kröpke. Also, nicht die Arbeit selbst ist so gut, denn ich kann hier keine Schweine töten und schlachten. Ich bin lediglich dafür zuständig, Dreckwäsche abzuholen. Aber ich hole auch Wäsche aus der Pathologie, mit Blutflecken übersäte Kittel vom Herrn Professor und seinen Assistenten. Heute werde ich mich in den Sektionsraum selbst schleichen und mich dort umsehen. Ich bin aufgeregt.

Der Umkleideraum für uns Arbeiter befindet sich in einem Untergeschoss. Dorthin führt nach dem Treppenhaus ein Gang, alle paar Meter leuchtet eine Glühbirne an der Decke, der Steinfußboden ist staubig und die Wände sind mit Kratzer und Dreck übersät. Alles normal und nicht vergleichbar mit dem pathologischen Bereich von Professor Trautwein, der blitzt und blinkt. Alle reden vom Professor, als wäre er ein Zauberer, der die Gedanken der Toten lesen kann. Bei ihm zu arbeiten, wäre mein Traum. Ich kann auch die Gedanken der Toten lesen.

»Walter!« Ich zucke zusammen und drehe mich um.

»Otto«, entfährt mir sein Name. Ich will nichts mit Otto W. Paschke zu tun haben. Das Riesenbaby piesackt mich bei jeder Gelegenheit und ich weiß dann immer nicht, was ich sagen soll. Also gehe ich weiter. Aber Otto folgt mir, überholt mich und baut sich vor mir auf. »Walter Saubert ...« Er gafft an mir entlang. Der Gang ist zu schmal, oder Paschke ist zu fett, als dass ich mich an ihm vorbeidrängen könnte. »Ich habe einen neuen Spitznamen für dich: Sau!« Paschke lacht dreckig. Ich würde ihm zu gern mein Messer in den fetten Wanst rammen. Aber ich ekele mich vor Fetten. Paschke verpasst mir einen Schubs mit der flachen Hand, sodass ich einen Schritt rückwärts stolpere. »Na, Sau? Wie gefällt dir das?« Ein weiterer grober Schubs befördert mich noch weiter zurück. Ich kriege kein Wort heraus.

»Walter die Sau.« Paschke treibt mich weiter den Gang zurück. In meinen Gedanken springe ich ihn an und reiße ihm mit meinen Zähnen einen Brocken Fleisch aus seinen fetten Wangen. Dabei überkommt mich Ekel, mir wird übel. »Wal-ter die Sa-hau«, wiederholt Paschke leiernd. Bevor er mir einen weiteren Stoß verpassen kann, kotze ich vor mir auf den Boden.

»Bäh, ekelhaft«, blökt Paschke und weicht zurück. »Walter die Sau kotzt«, stellt Paschke fest, dreht sich um und verschwindet eilig. Ich nehme tiefe Atemzüge, aber der Kotzegeruch macht alles nur schlimmer. Dass ich den Dreck beseitigen muss, ist klar, ansonsten würde Paschke mich sofort beim Chef anscheißen. Wenn er es nicht sogar schon getan hat. Deshalb gehe ich zur Toilette, rolle Papier ab, gehe zurück und hebe damit mein Erbrochenes auf. Jetzt bin ich dankbar, dass ich gestern Abend nur so wenig von der Arschbacke abbekommen habe. Schnell werfe ich alles ins Klo, spüle, wasche mir die Hände und renne zum Umkleideraum. Ich öffne die Tür zunächst einen Spalt und lausche. Wenn Paschke da drinnen ist, muss ich warten. Es ist still. Schnell gehe ich hinein und ziehe meinen Kittel über, eile umgehend zu meinem Chef und melde mich zum Dienst. »Herr Saubert, Sie sind pünktlich wie immer.«

»Jawohl, Herr Kulske«, erwidere ich gehorsam und stehe dabei gerade. Herr Kulske mag das. Er grinst gefällig, nimmt seinen Zigarrenstummel von der Aschenbecherablage und pafft zwei genüssliche Züge. »Sie sind heute im Bereich vier im Einsatz, Saubert.« Herr Kulske erhebt sich und geht zu einem Lageplan an der Wand ihm gegenüber. Ich stelle mich in einigem Abstand hinter ihn und beobachte seinen dicken

Zeigefinger, mit dem er auf den Plan tippt. »Hier. Bereich vier.«

Ich blinzele und kann mein Glück kaum fassen. Bereich vier liegt zwar in einem Gebäudeteil, in dem ich bisher noch nicht unterwegs war. Aber dieser Bereich grenzt unmittelbar an die Pathologie an. Ich werde mich ohne Schwierigkeiten einschleichen können. Mein Herz wummert vor Aufregung.

»Fragen, Herr Saubert?« Herr Kulske sieht mich ungeduldig an.

»Nein, alles klar, Chef. Ich bin schon unterwegs.« Herr Kulske klemmt sich den Zigarrenstummel zwischen die Lippen, schaut auf seine Armbanduhr und grinst. Ich beginne zu früh, ich weiß. Die Hauptsache ist, dass Herr Kulske mit mir zufrieden ist.

Nachdem ich alles in Rekordzeit erledigt habe, stehe ich vor der Doppelflügeltür zum Obduktionsraum und spähe durch das hoch gelegene Fenster in einem der Türblätter. Auf einem Sektionstisch liegt ein menschlicher Körper. Als ich näher hinsehe, denke ich, mich trifft der Schlag: Es ist das Mädchen, das ich gestern Abend abgemurkst habe! Der Professor ist ein großer, aber rundlicher Mann mit Halbglatze und Vollbart. Ihm gegenüber, auf der anderen Seite des Obduktionstisches, stehen zwei Männer. Eindeutig Bullen. Beide tragen schwarze Lederjacken, wie sie Bullen üblicherweise anhaben. Der Ältere der beiden hält seinen Hut in der Hand. Der Jüngere trägt eine Brille. Heimlich schiebe ich die Doppelflügel so weit auf, dass ich lauschen kann. Der Professor wirkt bedröppelt, die Gesichter der beiden Bullen kann ich nicht sehen, weil sie mit dem Rücken zu mir stehen.

»Brigitte Sutter wurde gewürgt, gestorben ist sie aber an einem Herzschlag«, dröhnt die tiefe Stimme des Professors.

»So jung und ein Herzschlag?«, hakt der jüngere Bulle

nach. Brigitte Sutter hieß das Mädchen mit den flachen Titten also. Mir wird nun klar, warum ihr Ende so abrupt kam: Sie hat einen Herzschlag bekommen! Ich kann mein Glück kaum fassen, dass dieses Mädchen in dem Raum vor mir liegt, und die Bullen im Dunkeln tappen. Wenn die wüssten, dass ich sie belausche.

Der Professor nimmt die Brille von der Nase und lässt sie an einem dünnen Band, das um seinen Nacken liegt, vor der Brust baumeln. »Sie hatte einen Herzklappenfehler. Aufregung jeder Art war Gift für sie. Post mortem wurde sie vergewaltigt und es wurden ihr großflächig Teile ihrer Pobacken herausgetrennt.«

»Wurde sie auch ausgeweidet?«, fragt jetzt der ältere Bulle.

»Sie denken an den bestialischen Mord an Gabi Feiler im letzten Jahr, Kommissar Hölzer?«

Hastig krame ich nach einem Stift und einem Stück Papier. All die Namen – Figuren in meinem Film. Walter Saubert, Regisseur in Hollywood. Leise kichernd finde ich einen Kugelschreiber, aber kein Papier. Deshalb ziehe ich mein Stofftaschentuch aus der Tasche und notiere darauf *Gabi Feiler*, *Brigitte Sutter* und *Kommissar Hölzer*. Ich werde die Frauennamen den Höschen zuordnen. Hölzer werde ich zu Hause auf Scheißhauspapier kritzeln und mir damit den Arsch wischen.

»Genau«, antwortet der Kommissar dem Professor.

»Nein, das Opfer wurde nicht ausgeweidet. Dennoch ist es die Handschrift desselben Täters. Da bin ich mir sicher.«

Die Kommissare sehen sich an und gehen an das Kopfende der Leiche. Ich kann deren Gesichter jetzt von der Seite sehen. Der Ältere hat eine flache Nase. Vielleicht hat er früher geboxt. Die Nase des Jüngeren ist länger, darüber muss ich kurz lachen, weil er doof aussieht. Besser, ich verschwinde, bevor sie mich entdecken. Geduckt schleiche ich mich fort. Heute werde ich nicht in die Pathologie eindringen können. Aber was ich mit ansah, ist viel aufregender, als ich mir erträumt hätte. Die Bullen tappen im Dunkeln und ich habe die Namen von beiden Frauen. Und den Namen von einem Kommissar. Den anderen bekomme ich auch noch heraus.

Auf dem Heimweg bin ich total aufgedreht und bekomme die Bilder nicht mehr aus dem Kopf. Immer wieder sehe ich die Tote auf dem Sektionstisch vor mir und den schlauen Professor sowie die beiden Kommissare, die hilflos auf sie hinabsehen. Wenn die Idioten wüssten, dass ich sie beobachtet habe. Ich könnte Luftsprünge machen, vor Freude. Es ist so einfach, glücklich zu sein. Ich will, dass es so bleibt, deshalb werde ich schon bald die Nächste killen. Dann werde ich mein drittes Souvenir haben und die drei Schlaumeier werden wieder bedröppelt vor der Leiche stehen und flennen.

Mein Grinsen übers ganze Gesicht erstarrt. Ich habe kein Geld mehr, außer Fahrgeld. Und Lohn gibt es erst in einer Woche. Ich kann dem Alten nix zu futtern mitbringen. Der wird durchdrehen.

Was für eine Scheiße.

KAPITEL FÜNF

»Eine Zwölfjährige!« Kriminalhauptkommissar Ewald Hölzer wendet sich von der Wand mit den Tatortfotos ab, die sein Assistent, Kriminalkommissar Bruno Renz akribisch hergerichtet hat. »Was sind das bloß für Zeiten, Bruno?« Hölzer zieht die Schreibtischschublade auf, Flaschen klirren aneinander. Er entnimmt eine neue Jacobi 1880 und öffnet den Drehverschluss laut knackend. Gedankenversunken stellt er zwei Cognacgläser auf den Tisch und befüllt sie jeweils mit einem doppelten Weinbrand. Übergangslos greift er eines der Gläser und kippt den goldbraunen Inhalt in einem Zug herunter. Bruno denkt nicht daran, von seiner Fotowand wegzutreten, um den widerlichen Schnaps zu trinken. Das Zeug bekommt er nur mit Cola gemischt herunter, so oder so, aber niemals so früh am Tag.

Hölzer starrt noch immer ins Leere, greift das zweite Glas und kippt auch das auf ex. »Die Gesichter der Eltern werde ich im Leben nicht vergessen.«

Die Weinbrandflasche ist noch geöffnet, Hölzer füllt nach. Beide Gläser. »Hast du eigentlich Kinder, Bruno?«

»Nein, Herr Hölzer. Ich bin ledig.« Bruno schluckt schwer,

verliert sich in Gedanken. Er ist nicht ledig! Aber das darf er ja niemandem sagen. Wieder hat er das Gefühl, dass sein ganzes Leben eine große Lüge ist. Warum kann die Gesellschaft nur nicht akzeptieren, dass es andere Arten von Partnerschaften gibt? Was ist so schlimm daran, wenn ein Mann einen Mann liebt? *Widernatürliche Unzucht* – was für Menschen müssen es gewesen sein, die ein solches Gesetz geschaffen haben?

»Das arme Ding«, knarrt Hölzers Stimme traurig und holt Bruno damit aus seinen Grübeleien. »Sie hatte noch das ganze Leben vor sich. Oder auch nicht, sie war ja herzkrank. Und taubstumm.« Hölzer reibt seinen Nacken mit einer Hand. »Das muss das Schlimmste sein, was dir widerfahren kann, wenn eines Tages zwei Polizisten vor deiner Tür stehen und dir die Nachricht überbringen, dass dein Kind ermordet wurde.« Schnaps Nummer drei rinnt Hölzers Kehle herunter.

Bruno legt das Kreidestück auf die schmale Ablage unter der Tafel, die er heute in Hölzers Büro geschleppt hat, und setzt sich sachte gegenüber Hölzer an seinen Schreibtisch. Dieser Tag hat seinen Chef noch mehr mitgenommen, als der Fall ohnehin schon an ihm nagt. Besorgt betrachtet er Ewald Hölzer, die Legende des Abschnitts 55. Bruno erfüllt es mit einigem Stolz, dass er scheinbar der Einzige ist, den Hölzer in seiner Nähe duldet. Und das schon seit zwölf Monaten. Hölzer hat noch zehn Jahre Dienstzeit vor sich, dann wird sein Posten frei. Diese Zeit will Bruno nutzen, um alles von dem alten Hasen zu lernen. Er ist bereit, dafür so manche Rauheit wegzustecken, für die er Hölzer manchmal hassen könnte. Jetzt aber empfindet er Mitleid mit dem alten Mann, der sein Leben auf seine Weise der Gerechtigkeit und der Ehrlichkeit verschrieben hat. Zeiten ändern sich. Hölzer nie.

»Also, was haben wir?«, fordert Hölzer, beinahe in alter Form. Bruno erhebt sich und stellt sich vor seine Tafel. Er notiert zwei Namen: Gabi Feiler und Brigitte Sutter. Dann wendet er sich seinem Chef zu. Der kippt den vierten und deutet spottend auf die Tafel, »wie in der Schule.«

Bruno übergeht das. »Ich stimme Professor Trautweins Einschätzung zu, dass es sich in beiden Mordfällen um denselben Täter handelt.«

»Aber da sind Dinge, die nicht übereinstimmen!«, unterbricht Hölzer. »Was lässt dich so sicher glauben, dass es derselbe Täter ist? Gabi Feiler wurde ausgeweidet, Brigitte Sutter nicht, dafür wurden nur ihr Teile aus dem Körper geschnitten. Das ist doch ein wesentliches Detail.«

»Das stimmt, Chef. Das sind in der Tat wesentliche Details. Aber die Gemeinsamkeiten überwiegen: Beide Morde in Berlin, beide Frauen wurden erwürgt, beide Frauen wurden vergewaltigt ...«

»Hm. Außerdem fanden die Vergewaltigungen post mortem statt, das hat man nun wirklich nicht alle Tage«, stimmt Hölzer zu.

»Noch etwas spricht für denselben Täter, Chef.«

»So? Was denn noch?«

»Die Opfer trugen keine Höschen und an den Tatorten wurden auch keine gefunden. Dass eine Frau ohne Unterwäsche auf die Straße geht, kann sein. Aber zwei? Der Täter hat sie höchstwahrscheinlich mitgenommen.«

Stille.

»Dieses kranke Arschloch!«, bricht Hölzer das Schweigen. »Wenn ich das Schwein vor die Knarre bekomme, knalle ich ihn ab, das kann ich dir sagen.«

»Chef, bitte!« Bruno ist es gewohnt, dass KHK Ewald Hölzer sich zu zotigen Aussprüchen hinreißen lässt, erst recht, wenn er einen über den Durst getrunken hat. Bruno selbst hat auch dazugelernt, dass es in bestimmten Situationen einer gewissen *Direktheit* bedarf, um zum Ziel zu gelangen. Zum Beispiel, wenn Türsteher einem Kriminalbeamten im Weg stehen. Aber in einem Gedankenaustausch unter Kollegen sollte man stets professionelle Ruhe bewahren und sachlich bleiben, wenn man zu brauchbaren Ergebnissen kommen will. Bruno hat die Hoffnung noch nicht vollständig aufgegeben, dass er Hölzer eines Tages dazu bekehren kann. Aber jetzt muss er zunächst diese Unterredung wieder in die richtige Richtung lenken. »Es gibt eine erste Spur.«

Hölzer springt auf, sein Stuhl knallt gegen die Wand hinter ihm. Er wankt kurz, fängt sich gleich wieder. »Eine Spur? Was haben wir?«

»Die Kollegen Mücke und Stutz haben sich an der Schule des Mädchens umgehört. Dabei ist von mehreren Zeugen ausgesagt worden, dass der Sportlehrer Joachim Teichert sich in letzter Zeit auffällig für seine Schülerin Brigitte Sutter interessiert hat.«

»Ein perverser Sportlehrer!« Hölzer schnallt sich sein Holster um, bekommt die Schnalle nicht gleich zu. »Diese Scheißdinger werden auch immer enger.«

Bruno stellt sich vor seinen Chef, hebt beschwichtigend die Hände. »Chef, es ist bisher nur ein Verdacht, nicht mehr. Lassen Sie uns mit Feingefühl an die Sache herangehen.«

Hölzer stutzt. »Du und deine moderne Scheiße.« Er rollt seine Schultern und schiebt sein Holster zurecht. »Wenn wir nicht handeln und ein Perverser deshalb das nächste Kind umbringt, möchte ich dich mal hören. Schnall dir deine Wumme um und lass uns diesem Joachim Teichert auf den Zahn fühlen.«

Bruno weiß, dass er den Elan seines Chefs jetzt nicht bremsen wird, und beeilt sich, ihm zu folgen.

Die Mittelschule in der Jonasstraße ist der Arbeitsplatz des Verdächtigen. Bruno stoppt den Wagen vor dem Gebäude. Er ist in Grundzügen zufrieden, denn während der Autofahrt dorthin gelang es ihm, seinen Chef wieder einigermaßen in den Normalmodus zurückholen. »Wir sind da. Es bleibt dabei, dass ich das Gespräch mit der Direktorin führe?«

»Wenn du es nur schon getan hättest«, knurrt Hölzer und steigt aus dem VW Käfer. In der Laune, in der sich Hölzer befindet, kann eine seiner typischen bissigen Bemerkungen schlimme Konsequenzen für den verdächtigen Lehrer nach sich ziehen. Eine Vorverurteilung will Bruno unbedingt verhindern. Noch ist Joachim Teichert nur verdächtig. Unnötige Beschuldigungen können ein Leben zerstören, das weiß Bruno sehr genau. Gut, dass er sich gründlich mit Hölzer abgestimmt hat.

Der Geruch von Bohnerwachs in dem Schulgebäude lässt Erinnerungen in Bruno aufkommen. Hauptsächlich fallen ihm Gängelungen von Klassenkameraden ein. Aber auch erste verwirrende Zuneigungen, die er damals noch nicht einordnen konnte.

»Karla Meder, Schuldirektorin«, liest Hölzer laut vor, als sie vor dem Namensschild an der Tür stehen bleiben. Hölzer ist anzusehen, was er von Frauen hält, die nicht hinterm Herd stehen. Bruno klopft an. »Herein«, ist durch die Tür zu hören. Bruno geht voran. Er stellt Kriminalhauptkommissar Ewald Hölzer als seinen Chef und dann sich selbst vor. Die Direktorin deutet auf eine Sitzgruppe in dem riesigen Büro. Bruno bemerkt sofort, dass Hölzer es nicht passt, dass die Frau in dieser Position auch noch mindestens zehn Jahre jünger ist als er.

»Ich bin gespannt, was Sie an unsere Schule führt.« Frau Meder deutet mit fragender Miene auf bereitstehende Kaffeetassen. »Gern«, sagt Bruno.

»Für mich nicht«, brummt Hölzer, der ansonsten literweise Kaffee vertilgt. Die Direktorin bewegt die weiße Porzellankanne elegant. Hölzer schielt auf ihre Beine.

»Danke, dass Sie sich Zeit für uns nehmen, Frau Direktorin.« Bruno und Frau Meder nippen gleichzeitig an ihren

Tassen, Hölzer räuspert sich unbehaglich. Bruno setzt seine Tasse vorsichtig ab.

»Es geht, wie gesagt, um eine reine Befragung, Frau Meder. Dürfen wir Sie vorab bitten, alles, was wir besprechen, für sich zu behalten?«

»Das klingt ja geheimnisvoll. Aber wenn es erforderlich ist, werde ich selbstverständlich Verschwiegenheit wahren.« Auch sie stellt ihre Tasse ab, erfasst Hölzer mit klarem Blick. »Befinden sich meine Schüler in irgendeiner Gefahr?«

Bevor Hölzer antworten kann, prescht Bruno vor. »Es geht um eine reine Befragung.« Bruno lässt eine gekonnte Pause. »Brigitte Sutter war Schülerin an Ihrer Schule?«

Mit kalkweißem Gesicht nickt die Direktorin bestätigend. »Ja. Brigitte, das arme Mädchen. Sie ist tot, das habe ich gehört. Sind Sie deshalb hier?«

»Sie werden verstehen, dass wir das Umfeld von Brigitte untersuchen müssen.«

»Aber ja.« Die Direktorin nimmt sich eine Zigarette aus einem verzierten messingfarbenen Spender und zündet sich diese nervös an. »Was ist denn genau passiert? Die Eltern haben nicht viel erzählt, nur, dass Brigitte ermordet wurde.«

Bruno übergeht die Frage. »Ist Ihnen in letzter Zeit etwas aufgefallen? Vielleicht ein Streit, den Brigitte mit jemandem hatte? Oder ein besonderes Interesse, das jemand an ihr hegte?«

Direktorin Meder nimmt zwei schnelle Züge hintereinander. »Nein. Da war nichts. Brigitte war wie immer. Ein kluges Mädchen, hübsch, aber zurückhaltend. Sie war ja taubstumm und hatte deshalb wenig Kontakte. Es ist überhaupt ein Wunder, dass sie so gut mitgekommen ist im Unterricht. Sie hat von den Lippen abgelesen. Die Lehrerschaft hat einige Zeit gebraucht, um darauf Rücksicht zu nehmen. Ihre Noten waren hervorragend.«

Bruno kritzelt in sein Notizbuch, das er inzwischen aufgeschlagen hat. »Hatte Brigitte eine Art Bezugsperson an Ihrer Schule? Eine Freundin, mit der sie Geheimnisse ausgetauscht haben könnte? Oder einen Lehrer, der uns mehr über sie sagen kann?«

Direktorin Meder drückt die halbe Zigarette aus. »Eine Freundin? Nein, Brigitte war Einzelgängerin. Aber mit Herrn Kollegen Teichert hatte sie sich öfters unterhalten.«

»Teichert?«, schnellt Hölzer hervor, sodass die Direktorin ihn überrascht ansieht.

»Ja. Joachim Teichert, der Sportlehrer. Ein sehr engagierter, aufgeschlossener und moderner Pädagoge, der sich sehr um seine Schüler kümmert.«

»*Aufgeschlossen*, soso«, motzt Hölzer, fischt sich eine Overstolz aus einer Schachtel und zündet sie an. Bruno übernimmt das Gespräch wieder in ruhigem Ton. »Wie lange ist Joachim Teichert schon hier tätig?«

»Seit zwei Jahren. Warum wollen Sie das wissen?«

»*Sie* haben diesen Namen erwähnt, Frau Meder. Aus keinem weiteren besonderen Grund also. Wir gehen naturgemäß jedem Hinweis nach, das dürfte auch in Ihrem Interesse sein.«

»Natürlich.«

»Hat Joachim Teichert noch zu anderen Schülern eine – nähere Bindung?«

»Wie Sie das sagen ...«

»Ich formuliere es anders. Gibt es weitere Schüler, um die sich Herr Teichert engagiert kümmert?«

Die Direktorin erhebt sich empört, verschluckt offensichtlich, was ihr auf der Zunge liegt. »Ich ... ich weiß wirklich nicht, was ich dazu sagen soll.« Sie setzt sich wieder. »Wenn ich es überdenke ...« Sie bricht in Tränen aus.

»Bitte, Frau Meder.« Bruno beugt sich vor und legt seine Hand auf die Schulter der Direktorin. »Sagen Sie uns jetzt alles, was Sie wissen und auch alles, was Sie vermuten.«

»Ja«, seufzt sie. Bruno reicht ihr ein Stofftaschentuch. »Ich habe mir doch nie etwas dabei gedacht. Erst jetzt ... es gab in der Vergangenheit einige Male Andeutungen von Schülern.«

»Welcher Art waren diese Andeutungen?«

Die Direktorin hebt kurz die Schultern. »Dass Herr Teichert ungerecht sei, so was in der Richtung. Ich habe das aber nie weiter verfolgt. So etwas kommt immer wieder vor, erst recht, wenn der Lehrer gut aussehend ist. Da können sich Mädchen schon mal verrennen. Und wenn der Lehrer dann nicht darauf eingeht, bricht für sie eine Welt zusammen. Dass sich mehr oder weniger intensive Beziehungen zwischen Schüler und Lehrer entwickeln, ist völlig normal. Das ist auch bei anderen Kollegen so. Allerdings ...«

»Was ist, Frau Meder? Ist etwas vorgefallen, das Sie uns berichten sollten?«

»Das alles bleibt wirklich unter uns, kann ich mich darauf verlassen?«

»Soweit es sich um Ermittlungen handelt, ist es auch in unserem Interesse, dass keine Details an die Öffentlichkeit kommen. Kommt es zu einer Gerichtsverhandlung, müssten Sie jedoch öffentlich aussagen.«

»Um Gottes willen. Ich als Zeugin vor Gericht. Dann denkt doch jeder, dass ich den Mord an Brigitte hätte verhindern können.«

Bruno verzieht grüblerisch seinen Mund. Genauso wird es kommen. Aber ohne die Aussage der Direktorin wird es schwierig, Teichert festzunehmen.

Frau Direktorin Meder beugt sich vor und legt beschwörend ihre Hände auf Brunos. »Sie müssen mich verstehen, Herr Kommissar. Ich kann es mir nicht leisten, diese Arbeit zu verlieren. Wenn ich mit diesem schrecklichen Mord in Verbindung gebracht werde, kann ich mich von einer Brücke stürzen. Ich würde nie wieder eine Arbeit als Lehrerin finden und schon gar nicht als Direktorin. Alle

Menschen würden mich hassen – das Risiko kann ich nicht eingehen.«

»Verdammt!«, brüllt Hölzer, der sich die ganze Zeit über zurückgehalten hat, und dem jetzt die Hutschnur platzt. »Denken Sie allen Ernstes, dass es darum geht, ob Sie einen schönen Job als Direktorin bekleiden, oder nicht? Ich werde es Ihnen deutlich erklären, was auf dem Spiel steht: Wenn es sich bei Teichert um den Mörder von Brigitte Sutter handeln sollte, schweben weitere Kinder in Lebensgefahr. Um herauszubekommen, ob das so ist, oder nicht, brauchen wir Ihre Aussage, damit wir ihn schnell aus dem Verkehr ziehen können. Ohne Ihre Hilfe dauert das Prozedere länger und kostet womöglich weitere Opfer. Ist es das, was Sie wollen?«

Die Hand der Direktorin zittert, als sie sich eine weitere Zigarette anzündet. »Bitte gehen Sie jetzt. Ich habe alles gesagt.«

»Ich fasse es nicht!« Hölzer schlägt mit der Hand auf den Tisch, sodass zwei Zigaretten aus dem Spender hüpfen. Bruno umfasst Hölzers Schultern und zieht ihn zurück.

»Danke für Ihre Zeit, Frau Meder. Bitte rufen Sie uns an, wenn Sie es sich doch noch anders überlegen.« Bruno schiebt Hölzer Richtung Tür, doch Hölzer wendet sich noch einmal der Direktorin zu und droht ihr mit dem Finger. »Verlassen Sie sich darauf, Frau Direktorin, wenn ein weiteres Kind dran glauben muss, und Sie hätten es verhindern können, werde ich das genauso der Presse verraten!«

Hölzer prescht an Bruno vorbei aus dem Büro der Direktorin heraus. Im Flur holt Bruno ihn ein.

»Ich weiß, was du sagen willst, erspare es mir.« Hölzer marschiert den langen Flur entlang, Bruno bleibt neben ihm. Hölzer schlägt den Weg Richtung Ausgang ein, Bruno geht weiter geradeaus.

»Wir müssen hier lang, unser Wagen steht draußen«, knurrt Hölzer.

»Aber die Turnhalle ist dort. Und auf dem Dienstplan an der Wand im Büro der Direktorin habe ich gesehen, dass Teichert jetzt die 6b unterrichtet.«

Hölzer grinst angedeutet und wiegt anerkennend der Kopf.

Als Hölzer und Bruno vor der Turnhalle stehen, spähen die beiden durch ein rundes Fenster in der Tür in die Sporthalle. In zwei Gruppen stehen Mädchen und Jungen in Reih und Glied und warten darauf, den Bocksprung zu absolvieren. Herr Teichert hat eine Trillerpfeife im Mund, in die er immer dann einen kurzen Luftstoß presst, wenn das nächste Kind anlaufen soll. Sowohl Hölzer als auch Bruno nehmen sofort wahr, mit welcher *Aufgeschlossenheit* der engagierte Sportlehrer einigen Schützlingen unter die Arme greift. »Diese Drecksau hat dem Mädchen doch eben an den Hintern gefasst, das habe ich gesehen.« Hölzer will die Tür aufstoßen, Bruno hält seine Hand fest. Hölzers zweite Hand greift schon nach den Handschellen.

»Was haben Sie vor, Chef?«, will Bruno entrüstet wissen.

»Na was wohl? Muss man Schülern neuerdings an den Hintern fassen, um ihnen zu helfen? Ich sage dir, das ist ein Perverser«, fletscht Hölzer Bruno an.

»Chef bitte! Denken Sie an die Kinder. Außerdem haben wir nichts in der Hand. Wenn Sie den Mann da jetzt rausholen, ist das Einzige, was Sie bewirken, dass er mit Sicherheit am Pranger steht. Wir werden ihn uns schnappen. Aber erst, wenn wir genügend Gründe dafür in der Hand haben.«

Die beiden starren sich sekundenlang an. Bruno hat recht. Wieder einmal. Hölzer nimmt seine Hand langsam von den Handschellen. »Von mir aus. Rede du mit ihm.« Hölzer wendet sich um und geht zurück zum Wagen. Es ist besser so. Bruno wartet, bis sein Chef das Gebäude verlassen hat. Dann zieht er die Tür auf und betritt die Sporthalle.

Das Lachen des feschen Sportlehrers erkaltet, als Bruno mit starrer Miene auf ihn zugeht. »Herr Teichert?«

»Ja?« Einige Mädchen bleiben nahe bei dem Mann stehen, eine, die dem Opfer Brigitte Sutter ähnlich sieht, greift die Hand des Lehrers. »Worum geht es?«, fragt er und wirkt dabei überhaupt nicht ertappt.

Bruno zeigt ihm seinen Dienstausweis. »Es gibt Fragen, die wir klären müssen. Ich würde mich gern mit Ihnen ungestört unterhalten.«

Teicherts Gesichtsfarbe wechselt ins Kalkweiße. »Ja, selbstverständlich«, stammelt er, wendet sich den Schülern zu und ruft. »Wir machen für heute Schluss, Kinder. Bitte zieht euch um und geht in den Unterrichtsraum 211. Ihr habt jetzt Erdkunde.«

Einige murren, andere verlassen wortlos die Sporthalle. Das Mädchen an seiner Hand schaut ihn verliebt an. Er führt ihre Hand in der Luft Richtung Umkleidekabinen. »Bis morgen, Katrin.«

Dann verlässt auch er die Sporthalle. Kriminalkommissar Bruno Renz bleibt dicht hinter ihm.

KAPITEL SECHS

Nichts ahnend biege ich in unsere Straße ein und bleibe schockiert stehen. Ein Polizeiwagen parkt vor unserem Haus. Bedröppelt starre ich dort hin. Was, wenn die Bullen mir auf den Fersen sind? In der Leichenhalle bei Professor Trautwein hat es sich zwar ganz anders angehört – angeblich haben die keine Spur. Den Bullen kann man eben nicht trauen. Möglich, dass sie mich hinters Licht führen wollten. Aber da habt ihr die Rechnung ohne den Wirt gemacht, ich bin nicht blöd, Leute!

Ich verschränke die Arme eng vor mir und wippe nervös mit dem Oberkörper vor und zurück und behalte den Hauseingang fest im Blick. Was soll ich tun? Haben die Bullen mich im Krankenhaus etwa erkannt? Heutzutage ist doch alles möglich. Ich werde mich erst mal versteckt halten und nachdenken. Ich presse meinen Rücken gegen die Wand, rutsche zu Boden und hocke so da. Um zu sehen, was da vor sich geht, beuge ich mich immer wieder nach vorn. Plötzlich treten zwei Uniformierte aus der Haustür und steigen blöd glotzend in den Streifenwagen. Auf allen vieren lauere ich, dass der Funkwagen endlich verschwindet. Es ist so weit, ich flitze über die buckeligen Pflastersteine der Fahrbahn, eile ins Haus und schließe die schwere Tür hinter mir. Ein Blick zurück durch die verdreckte Scheibe – niemand folgt mir, dann steige ich die Treppen empor. Nachdem ich die Wohnungstür hinter mir schließe, atme ich durch. Diese Idioten kriegen mich nicht, dazu sind sie einfach zu blöd. Haha.

Kurz lausche ich in die dunkle Wohnung hinein, denn vom Zimmer meines Vaters her höre ich ihn fluchen. Mist. Ich hatte so sehr gehofft, dass er schon besoffen in seinem Bett liegt.

»Walter! Ich habe dich gehört, du Drecksack. Komm her!«

Oje, der Alte ist in Hochstimmung. Ich greife die Klinke der Wohnungstür, um mich schnell wieder zu verdrücken, aber er steht plötzlich so nahe hinter mir, dass ich zusammenfahre. Fauliger Atemgestank, vermischt mit seiner Alkoholfahne, weht mir in die Nase. »Hast du was zu fressen mitgebracht?«, brüllt mein Vater mich an.

Er ist hungrig, das bedeutet nichts Gutes. Ohne Vorwarnung trifft mich sein Faustschlag, Sterne blitzen vor meinen Augen auf. Ich schmecke Blut, bevor ich auf dem Boden aufschlage.

»Du nichtsnutziges Arschloch. Ich habe Hunger!« Die Schuhspitze meines Vaters bohrt sich in meine Seite. Ein Mal. Zweimal, dreimal. Mir bleibt die Luft weg vor Schmerz. Er tritt nach, brüllt wie ein Tier. »Du bist zu nichts zu gebrauchen, genau, wie deine Mutter, diese Fotze.« Dann torkelt er erschöpft rückwärts, fällt in den Sessel und bleibt schlafend – oder besinnungslos – liegen. Ich gehe vorsichtig dort hin. Zu gern würde ich ihn erwürgen. Aber dazu müsste ich meine Hände um seinen nach Suff, Schweiß und Wichse stinkenden Hals legen.

Ich höre sein Schnarchen bis in mein Zimmer. Die ganze Nacht hindurch wird das so gehen. Hungrig setze ich mich auf meine Matratze, lehne mich mit dem Rücken gegen die Wand und umklammere meine angewinkelten Beine. Als noch alle zu Hause wohnten, haben die auch ab und zu von dem Alten eine in die Fresse bekommen. Aber Mutter ist tot und meine drei Schwestern Elly, Gisela und Helga sind abgehauen. Die Kleine, Inge, ist an irgendwas krepiert, als sie noch ein Baby war. Und mein älterer Bruder Erwin – der soll bleiben, wo der Pfeffer wächst. Dieses Schwein hat die Prügeleien meines Vaters mitgemacht, anstatt uns Jüngeren zu helfen. Hat der Alte Elly vergewaltigt, hat sich anschließend Erwin an ihr zu schaffen gemacht. Hat der Alte mich verprügelt, hat anschließend Erwin mich verdroschen. Das ist viele Jahre her, aber ich habe nichts davon vergessen. Erwin ist 'ne Drecksau, wenn ich könnte, würde ich ihn aufschlitzen. Vielleicht ergibt sich ja die Gelegenheit noch.

Meine Schwestern haben ständig geheult, wenn der Alte uns wieder drangsaliert hat. Ich nicht. Ich habe nie geheult. Wenn ich das getan hätte, hätte ich noch schlimmere Prügel bezogen, weil Jungs nicht weinen. Das hat auch etwas Gutes: Man kann eine Menge wegstecken. Auch heute, mit dreiundzwanzig, heule ich nicht. Niemals.

Um zwei Uhr morgens geht der Alte pinkeln. Ich bleibe so lange wach, um mitzubekommen, falls er auf komische Ideen kommt. Ich kann ihn hören, seinen lauten Atem, sein plätschernder Strahl. Dann lässt er einen fahren, spült und poltert wieder zurück in sein Bett. Erst danach kann ich mich sicher fühlen, weil er nun mindestens bis neun Uhr morgens schläft. Schnell und leise hole ich die Höschen der beiden Mädchen hervor, lege sie vor mir aufs Bett und betrachte sie genau. Was für eine Augenweide, sofort bekomme ich einen Steifen. Aber bevor ich mir einen runterhole, will ich den Unterhosen unbedingt die Namen zuordnen, die ich in der Pathologie aufgeschnappt habe, als diese Kommissare und der Professor sich unterhalten haben. Ich pule mein Taschentuch aus der Hosentasche und halte es vor meinem Gesicht hoch. *Gabi Feiler, Brigitte Sutter* und *Kommissar Hölzer*, drei Namen, die auf dem Tuch verewigt sind. Ich zerreiße es in drei Teile und lege den Fetzen mit *Gabi Feiler* auf die Unterhose, die mir schon seit einem Jahr Gesellschaft leistet. Den Fetzen mit *Brigitte Sutter* lege ich auf die frische Unterhose. Fetzen Nummer drei, mit dem Namen des Kommissars, lege ich mittig oberhalb der beiden anderen aufs Bett. Das kann einmal eine schöne Sammlung werden. Ich will so schnell wie möglich weitere Unterhosen haben, zu denen ich den Namen der Frauen in der Pathologie herausbekomme.

Verträumt lege ich den Hinterkopf gegen die Wand, schließe die Augen und ertaste die Wäschestücke. »Gabi«, flüstere ich, »Brigitte.«

KAPITEL SIEBEN

Joachim Teichert führt Bruno in das Lehrerzimmer, einen riesigen Raum mit einem riesigen Tisch, an dem über zwanzig Stühle stehen. Unterlagen sind darauf verteilt, genau, wie auf anderen Ablageflächen ringsherum. Teichert bietet Bruno einen Stuhl an, beide setzen sich über Eck. »Wir sollten uns allein unterhalten, Herr Teichert.« Bruno deutet in den Nebenraum, in dem ein älterer Mann über Unterlagen gebeugt an einem Tisch sitzt.

»Das ist Kollege Gerstner.« Teichert reckt den Hals. »Sein Hörgerät liegt wieder einmal vor ihm auf dem Tisch. Er wird uns nicht hören.« Teichert wendet sich Bruno zu. Ein wirklich schöner Mann.

»Wir ermitteln im Fall Brigitte Sutter.« Bruno behält Teichert genau im Blick, achtet auf verräterische Gesten.

»Ja, eine furchtbare Sache. Ich kann es noch gar nicht fassen.« Auch jetzt wirkt der Lehrer aufrichtig betroffen.

»Sie kannten das Mädchen gut, nicht wahr?«

Teichert antwortet ohne Zögern. »Sehr gut sogar, würde ich sagen. Brigitte hat bei mir die Anlehnung gesucht, die sie zu Hause nicht erfahren hat.«

»Wie muss ich mir das vorstellen, Herr Teichert?«

Der Lehrer winkt mit beiden Händen ab. »Ach herrje, da habe ich mich wohl etwas ungeschickt ausgedrückt. Bitte verstehen Sie mich nicht falsch. Mädchen in dem Alter sind auf der Suche nach sich selbst. Eltern können da selten wirklich helfen. Wenn überhaupt, sind es die Mütter, bei denen Mädchen Verständnis finden. Aber sie brauchen eben auch das Verständnis und die Zuneigung des Vaters. Bekommen sie das nicht, suchen sie einen Ersatzvater.«

»Sie sind also so etwas wie ein Ersatzvater für die Mädchen?«

»Für einige von ihnen, ja. Aber vielen Kindern in der Pubertät fehlt nicht nur ein verständnisvoller Vater. Das Feld der Probleme ist groß und es gibt keine Schablone, wie man richtig hilft.«

»Solch umfassende Gedanken machen sich nicht alle Lehrer, würde ich sagen.« Der Mann ist Bruno sehr sympathisch. So viel Einfühlungsvermögen – davon müsste es mehr Menschen in dieser Gesellschaft geben.

»Nein, da stimme ich Ihnen zu.« Teichert lacht, jetzt schwingt darin andeutungsweise Verbitterung mit. Bruno würde ihn am liebsten dafür in den Arm nehmen. Die Hände der Männer bewegen sich auf der Tischplatte ein winziges Stück aufeinander zu. Der Lehrerkollege im Nebenraum hustet, die Hände der Männer rutschen zurück. Bruno zieht sein Notizbuch aus der Tasche, das hätte er längst tun sollen. »Wann begann Brigitte, Ihre väterliche Nähe zu suchen?«

Teichert schielt grüblerisch zur Decke. »Vor ungefähr drei Monaten. Ja, es muss im April gewesen sein, kurz nach meinem Urlaub.«

»Wo waren Sie im Urlaub?«, sprudelt Bruno neugierig hervor. Im selben Augenblick realisiert er, dass sein Interesse mehr privater Natur ist.

»Ibiza. Wir haben lange gespart. Es war traumhaft, dieses

Wetter dort, die traumhaften Strände und die Stimmung ... Es ist ein wunderbares Gefühl von Freiheit, weil niemand dem anderen hinterherschnüffelt, wie es in Deutschland üblich ist. Man kümmert sich um sich selbst und alle sind dabei ausgelassen und glücklich. Wenn ich könnte, würde ich dort hinziehen.« Teichert reißt sich aus seinen Träumen und schaut Bruno abrupt an. »Sie müssen unbedingt einmal nach Ibiza fliegen.«

Bruno ist verlegen. »Ich habe noch nie eine Flugreise unternommen. Aber es hört sich sehr verlockend an. Herr Teichert, als Sie aus Ibiza zurückkamen, ergab sich also ein näherer Kontakt zu Brigitte. Was genau geschah im April, wie kam diese Nähe zustande?«

Teicherts Miene bleibt ohne Argwohn, auch das registriert Bruno genau. »Dass etwas vorgefallen sein muss, ist mir sofort aufgefallen. Brigitte war verändert. Sie sonderte sich noch mehr von anderen ab, als sonst. Ich habe sie darauf angesprochen, aber keine Antwort erhalten. Sie wich mir aus. Ich wusste, dass ich sie nicht drängen darf, so bot ich mich an, ohne sie unter Druck zu setzen. Das funktionierte. Das meine ich damit, wenn ich sage, dass wir uns näher kamen. Brigitte fasste allmählich Vertrauen.«

»Das hört sich sehr professionell an. Wie haben Sie sich mit Brigitte unterhalten? Sie war taubstumm.«

»Ich war dabei, die Gebärdensprache von ihr zu lernen. Alles, was ich nicht verstand, schrieb sie mir auf. Sie hatte immer Block und Stift dabei.«

»Verstehe. Haben Sie eine Vermutung, was passiert sein könnte, warum Brigitte sich so verändert hat? Denken Sie, dass es zu Hause Probleme gab?«

Der Sportlehrer atmet hörbar aus. Er fühlt sich offensichtlich unwohl dabei, Verdächtigungen auszusprechen. Noch ein Punkt, der ihn in Brunos Augen sympathisch macht. »In den letzten Tagen konnte ich mehr Vertrauen gewinnen. Brigitte erzählte von Streitereien ihrer Eltern. Ich hatte das Gefühl, dass sie etwas auf dem Herzen hatte, doch ich blieb dabei, sie nicht zu bedrängen.« Joachim Teichert wirkt zum ersten Mal hilflos, rauft sich die Haare. »Hätte ich es verhindern können? Hätte ich zu ihr nach Hause gehen sollen, um mit den Eltern zu reden?«

»Denken Sie so etwas nicht, Herr Teichert. Ich habe den Eindruck, dass Sie sich sehr um Ihre Schüler kümmern. Sie können aber nicht alles auffangen.« Brunos Trost wirkt, er setzt nach. »Was haben Sie für ein Gefühl, worum ging es? Kindesmissbrauch? Gewalt?«

Teichert hebt kurz die Schultern. »Ich habe keine Erfahrung mit solchen Verbrechen, weiß also nicht, wie man Signale richtig deutet. Wenn es möglich war, habe ich darauf geachtet, ob Brigitte körperliche Anzeichen von Misshandlung aufweist. Soweit ich das beurteilen kann, war das nicht der Fall, nur die üblichen kleinen Blessuren, die Kinder in dem Alter haben: eine Schramme am Knie, ein blauer Fleck am Ellenbogen, so was in der Art.«

»Verstehe«, lässt Bruno die Aussage so stehen. Auch im Obduktionsbericht gab es keine Hinweise darauf, dass dem Kind über längere Zeit Gewalt angetan wurde. Dennoch wollte Bruno wissen, was Teichert dazu einfällt. Und vor allem, welche Körperteile des Mädchens Teichert in Augenschein genommen hat. Auch diesen Test hat der Lehrer bestanden.

»Herr Teichert, ich danke für Ihre Zeit.« Bruno erhebt sich und reicht dem Lehrer die Hand. »Bitte melden Sie sich bei mir, wenn Ihnen noch etwas Sachdienliches einfällt.« Bruno verabschiedet sich knapp und verlässt das Lehrerzimmer. Eilig geht er Richtung Ausgang, denn Hölzer wartet im Wagen.

Draußen steht sein Chef an die Seite des Käfers gelehnt und pafft Zigarettenrauch in den Himmel. »Schön, dass du auch schon erscheinst!« Hölzer ist geladen, so viel ist klar. War er das nicht vorhin schon? Er wirft wütend die halbe Zigarette auf den Boden und erstickt die Glut mit einer Drehbewegung des Schuhs. »Hast du dem Kerl noch eine Therapiestunde verabreicht, oder was?«

Bruno geht nicht darauf ein. Stattdessen setzt er sich in den Wagen. Als Hölzer die Fahrertür geräuschvoll zuzieht, lässt Bruno seine Gedanken raus. »Ich kann mir beim besten Willen nicht vorstellen, dass dieser Mann dem Mädchen etwas so Grauenhaftes angetan haben könnte. Zugegeben, er ist eigenartig. Aber er ist nicht unser Serienmörder.« Indem Bruno einräumt, dass Joachim Teichert *eigenartig* sein könnte, will er ihn aus der Schusslinie nehmen, denn für Bruno ist sonnenklar, dass Teicherts Geheimnis dasselbe ist, wie sein eigenes: Teichert ist homosexuell. Kommt das raus, ist der Lehrer Freiwild für jedermann. Eine Angst, die Bruno nur allzu gut kennt.

Hölzer legt krachend den nächsten Gang ein. »Ich will gar nicht wissen, wie du zu dieser oberschlauen Erkenntnis gelangst, Kriminalkommissar Bruno Renz. Weil es Schwachsinn ist. Dieser Typ da drinnen riecht hundert Meter gegen den Wind nach einem Verdächtigen. Dass der etwas verbirgt, ist offensichtlich. Und wenn du das nicht erkennst, solltest du deine Berufswahl überdenken.«

Unangenehme Stille herrscht in dem Dienstwagen. Bruno, der auf dem Beifahrersitz kauert, starrt auf den schwarzen BOS-Funk-Telefonhörer. Das Scheißding klingelt zu jeder unpassenden Gelegenheit, warum nicht jetzt? Ist er zu weit gegangen? Hat er seinen Chef zu sehr in die Enge getrieben? Aber es gab doch keine andere Wahl. Kriminalhauptkommissar Ewald Hölzers kurzentschlossenen Art und Weise hat gewiss einen großen Vorteil: Hölzer entscheidet schnell. In diesem Fall aber wären die Folgen fatal, denn Hölzer hätte den Lehrer, ohne zu zögern, in Knebelketten aus dem Schulgebäude gezerrt. Der Mann wäre für den Rest seines Lebens gebrandmarkt gewesen, obwohl er sehr wahrscheinlich nicht das Geringste mit den Morden zu tun hat. Nein – auch nach noch so langer Überlegung kommt Bruno zu dem Schluss, richtig gehandelt zu haben.

»Teichert ist ein Perverser, das rieche ich!« Hölzer krampft seine Finger um das Lenkrad und starrt wie besessen durch die Windschutzscheibe. »Davon bringt mich dein ganzes Gequatsche nicht ab.« Plötzlich bremst Hölzer, wendet sich Bruno zu, packt ihn am Revers und zerrt ihn nahe zu sich. »Jetzt ist Schluss mit dieser Kuscheltour, Bruno. Das hier ist kein Spiel. Wir jagen einen gefährlichen Serienmörder, kapiert? Und dein Freund da drinnen ist der Prototyp für so was, ob es dir nun passt oder nicht.«

»Und? Was sollen wir Ihrer Meinung nach jetzt tun? Da reingehen und ihn abknallen? Oder sollen wir die Gestapo holen und ihn ins KZ stecken lassen?«

Hölzers Griff wird unerbittlich. »Das nimmst du sofort zurück, Bürschchen! Sofort! Ich bin sauber, merke dir das. Ich habe nichts mit den Nazis am Hut gehabt. Das muss ich mir von dir Grünschnabel mich sagen lassen.«

Hölzer lässt Brunos Jacke langsam wieder los. Hölzers sichtbare Erregung trifft Bruno ins Mark. Er hat sich hinreißen lassen, diesen unbegründeten Verdacht auszusprechen, obwohl er keine Ahnung davon hat, wie Hölzer die dunkle Zeit der Nazis wirklich verbracht hat. Darüber haben die beiden nie ausführlich gesprochen. Hölzer mag ein grobschlächtiger Holzkopf sein. Aber nie im Leben würde Bruno ihm zutrauen, mit den Nazis gemeinsame Sache gemacht zu haben. Scheiße, warum hat er das nur gesagt? Vielleicht wollte er zum ersten Mal einfach Kontra geben. Aber dann gleich so?

»Ich brauche jetzt ein Feierabendbier«, knurrt Hölzer. Bruno macht sich Sorgen, denn Hölzer sieht überhaupt nicht gut aus und sein Atem ist viel zu hektisch. Ein Kneipenbesuch scheint jetzt nicht die richtige Medizin zu sein.

»Herr Hölzer, es tut mir leid, ich wollte ...«

»Ich habe Durst«, unterbricht ihn sein Chef.

Hölzer parkt den VW Käfer vor Hölzers Stammkneipe, an der Wissmann- Ecke Karlsgartenstraße und stellt den Motor aus . »Chef, es tut mir wirklich leid. Ich wollte Sie nicht kränken. Bitte ...«

Hölzer steigt aus. »Hole mich um sieben heute Abend hier ab, dann wird Teichert zu Hause sein und wir müssen ihn nicht von der Schule abholen. Wir fahren dann zu ihm und befragen ihn. Ich will wissen, wo er zur Tatzeit war und ihm dabei in die Augen sehen.«

Die Eiseskälte, als Hölzer die Fahrertür hinter sich zuschlägt, trifft Bruno ins Herz. Wie soll er das nur jemals wieder geraderücken? Unüberlegte Äußerungen waren doch eigentlich immer das Spezialgebiet seines Chefs. Er sieht Hölzer hinterher, als er die Tür der Eckkneipe aufzieht, und darin verschwindet. Der Mann wird sich noch zugrunde richten. Stress, Suff, Rauchen und ungesunde Ernährung. Alles Dinge, um die sich alte Hasen keinen Kopf machen. Ein Jammer.

* * *

Pünktlich um neunzehn Uhr steht Bruno vor Marias Kneipe. Hölzer hat gesagt sieben. Bruno wartet bis zehn nach sieben. Soll er hineingehen? Er wird warten, bis sein Chef herauskommt. Um neunzehn Uhr achtundzwanzig ist es so weit. Kriminalhauptkommissar Ewald Hölzer torkelt aus der Eckkneipe, Bruno schließt die Augen und denkt, *was soll das nur für eine Befragung werden?*

Hölzer reißt am Türgriff des Wagens, rutscht ab und torkelt rückwärts, sodass die Tür verschlossen bleibt. Hölzer ist gut gelaunt, wendet sich dem Gebüsch hinter sich zu, öffnet seine Hose und uriniert laut lachend. Der Mann ist völlig betrunken. Bruno ist unklar, wie die Befragung des Verdächtigen Joachim Teichert vonstattengehen soll. Langsam ist ihm das aber auch egal. Wenn der legendäre Ewald Hölzer der Meinung ist, dass man in dieser Art und Weise Ermittlungen durchführt und Beweise sichert, dann soll es eben so sein. Es ist schließlich nicht seine, sondern Hölzers Verantwortung. Bruno hat lange genug Hölzers Eskapaden gedeckt und dessen Unzulänglichkeiten ausgeglichen.

Als Hölzer sich in den Dienstwagen fläzt und die Beifahrertür krachend zuzieht, bricht Brunos Plan zusammen. Dieser Mann könnte sein Vater sein. Genauso eine raue Natur. Nur, dass Hölzer seine Kinder nicht geschlagen hätte, wären da welche gewesen.

»Dann wollen wir den guten Herrn Lehrer mal in die Mangel nehmen.«

Bruno ist unbehaglich bei dem Gedanken, dass er und Hölzer in einer knappen halben Stunde bei Joachim Teichert klingeln, dieser sie freundlich hereinbitten wird und Hölzer den Mann drinnen mit seinen Tiraden überziehen wird. Aber noch mal kann er seinen Chef nicht ausklinken. Wenn er jetzt vorschlägt, den Verdächtigen allein zu befragen, dreht Hölzer durch.

Teicherts Wohnhaus ist ein dreistöckiger Neubau aus roten Klinkersteinen im südwestlichen Teil Berlins. ›Unter den Eichen‹ ist die Hauptverkehrsstraße Richtung Wannsee. Bruno ist einige Male mit Freunden hier entlanggefahren, als sie zum Baden unterwegs waren. Er stoppt den Käfer, stellt den Motor ab und schaut zu Hölzer. Sein Chef soll sagen, wann es losgeht.

»Hier war alles zerbombt«, brabbelt Hölzer und beobachtet die Gegend gedankenversunken. »Ich war nach fünfundvierzig hier oft unterwegs. Wir haben im Wald ehemalige Sammelstellen der Amis entdeckt. War spannend, in deren Müll zu wühlen. Einmal habe ich 'ne Packung Zigaretten gefunden. Ich habe mich gefühlt, wie Krösus. Haha. Das könnt Ihr Grünschnäbel euch gar nicht mehr vorstellen. Später haben wir in den Morasten Granaten gefunden – was da alles hätte passieren können. Was soll's.« Er stößt die Beifahrertür auf und steigt aus. Als er Teicherts Haustür erreicht, holt Bruno ihn ein. »Eine Klingelanlage, wie vornehm«, spottet Hölzer. Bruno registriert erfreut, dass sein Chef erstaunlich nüchtern wirkt. Seine Fahne riecht man allerdings zehn Meilen gegen den Wind. Der Türöffner surrt, Bruno reagiert, bevor Hölzer es kann. Als die Kommissare das erste Zwischenpodest erreichen, öffnet sich Teicherts Wohnungstür. Er trägt einen weinroten Bademantel aus Seide, unter dem sich die Formen seines muskulösen Körpers abzeichnen. Bruno schluckt, sieht angestrengt nicht hin, lässt seinen Blick bei seinem Chef.

»Herr Teichert, dürfen wir reinkommen?«, fragt Hölzer und strebt dabei weiter voran. »Es haben sich noch dringende Fragen ergeben, zu denen wir Ihre Hilfe brauchen.«

»Die Herren Kommissare. So spät noch im Dienst?«

Hölzer ist inzwischen dicht vor dem Lehrer. Der schaut beiläufig hinter sich und macht dann eine einladende Geste.

»Bitte.«

»Danke«, grunzt der Kriminalhauptkommissar und schiebt sich an dem Lehrer vorbei in dessen Wohnung. Der Lehrer folgt Hölzer, Bruno ist nun gezwungen, dessen Rückansicht zu bewundern. Ein praller Hintern zeichnet sich unter der weinroten Seide glatt und deutlich ab. Der Mann ist nackt unter seinem Bademantel.

Hölzer ist eins fix drei im Wohnzimmer, sein Blick scannt sofort Details. Fotos, wahrscheinlich die Eltern und von einem Mann ähnlichen Alters, vielleicht der Bruder. Penibel aufgeräumt, helle Farben, eigenartige Gemälde surrealistisch dargestellter Menschen, das könnten nackte Männer sein. Hölzer kann mit diesem modernen Scheiß nichts anfangen, notiert in seinem imaginären Notizbuch nur: *Popanz*!

»Darf ich Ihnen etwas anbieten?«, fragt Teichert. Hölzer nimmt Platz.

»Haben Sie Bier?«

»Und Sie?«, wendet Teichert sich an Bruno.

»Nichts, danke.«

Teichert verschwindet in der Küche. Hölzer beugt sich zu Bruno. »Hier stimmt einiges nicht, das sage ich dir.«

Teichert ist schnell wieder zurück, stellt Hölzer ein Bierglas und eine Flasche Kindl Pils auf den Tisch. Bruno serviert er ungefragt ein Glas Wasser, schaut ihm dabei in die Augen. Bruno schaut rasch zu Hölzer, der sich auf die weiße Couch mit niedriger Rückenlehne fläzt, während er erläutert.

»Herr Teichert, Mordermittlungen sind immer eine sehr mühsame Arbeit, die aus vielen kleinen und noch kleineren Schritten besteht.«

Hölzers Unbehagen über die Couch ist ihm anzusehen, zumal er nach unten gerutscht ist und sich wieder in die aufrechte Position wurstelt. Bruno verkneift sich ein Lachen, Hölzer redet weiter, während er genüsslich Bier ins Glas füllt.

»Herr Renz und ich sind dabei, die Puzzleteile zusammenzufügen. Wir setzen Teile zusammen, entnehmen sie wieder, um sie an einer anderen Stelle anzusetzen. Das machen wir so lange, bis sich ein Bild ergibt und wir den Täter schnappen. Das kann Jahre dauern. Aber wir schnappen ihn.« Hölzer leert das Bierglas zu zwei Dritteln und gießt den Rest aus der Flasche nach.

»Ich verstehe«, äußert Teichert und wirft Bruno einen fragenden Blick zu.

»Ein wichtiger Teil unserer Arbeit besteht darin, Beteiligte auszuschließen. Verstehen Sie, was ich meine, Herr Teichert?«

»Ich glaube schon. Je mehr Personen Sie ausschließen können, desto enger wird der Kreis der Verdächtigen.«

»Ganz genau! Sie sind ein kluger Mann, Herr Teichert. Wo waren Sie gestern zwischen neunzehn und vierundzwanzig Uhr?«

Bruno zuckt zusammen. So geschickt Hölzer das Gespräch mit dem Verdächtigen auch begonnen hat, so überfallartig ist er zu seiner Frage übergegangen. Es wäre nicht verwunderlich, wenn der Verdächtige nun dichtmacht. Bruno schüttelt innerlich den Kopf.

»Zu Hause, Herr Kommissar.« Der Lehrer wirkt ertappt. Bruno fragt sich, warum. Hat er sich etwa doch geirrt, was Teichert angeht? Bruno nimmt eine Bewegung in der Küche wahr, die sein Chef nicht sehen kann, weil sie hinter seinem Rücken geschieht. Eine weitere Person befindet sich in der Wohnung.

»Sie waren hier?«, hakt Hölzer nach. »Gibt es dafür Zeugen?« Während Hölzer stoisch Ruhe in seinem Tonfall bewahrt, ist Teichert seine wachsende Nervosität ins Gesicht geschrieben. Der Mann hat tatsächlich etwas zu verbergen, Hölzers siebter Sinn scheint doch noch zu funktionieren.

»Wir haben Schach gespielt«, ertönt eine Stimme von der Küche her. Beinahe lautlos tritt ein Mann aus der Küche ins Wohnzimmer. »Dienstags spielen wir immer Schach.« Der Mann mit den dunkelblonden gescheitelten Haaren postiert sich vor Hölzer und reicht ihm die Hand. »Stegmann. Friedrich Stegmann, ein Kollege von Herrn Teichert.«

Hölzer nimmt die Hand ungerührt. »Dürfte ich bitte Ihren Personalausweis sehen, Herr Stegmann?«

»Meinen Ausweis?« Stegmann stößt ein abgehacktes Lachen aus. »Bin ich verdächtig?«

»Welcher Tat sollten wir Sie denn verdächtigen?«

Bruno erkennt das angriffslustige Funkeln in den Augen seines Chefs. Stegmann hat sich definitiv den Falschen für Wortgefechte ausgesucht. Hölzer zu provozieren, ist noch niemandem gut bekommen. Bruno will einschreiten, doch sein Chef ist schneller.

»Wir ermitteln in einem Mordfall, Herr Stegmann. Ein minderjähriges Mädchen wurde auf bestialische Weise umgebracht und mein Kollege Herr Renz und ich klären dieses Verbrechen auf.«

Peng! Das hat gesessen. Friedrich Stegmanns Mund steht offen, Hölzer lässt ihm keine Zeit zum Nachdenken.

»In welchem Verhältnis stehen Herr Teichert und Sie zueinander?«

Stegmann wirkt paralysiert, Teichert stellt sich vor ihn. »Wir sind Kollegen. Herr Stegmann unterrichtet Deutsch und Erdkunde. Ich unterrichte Sport und Geschichte.«

Hölzer wiegt seinen Kopf. »Kollegen also. Wie lange kennen Sie sich?«

»Also ich weiß jetzt wirklich nicht, wie das bei Ihren Ermittlungen helfen könnte, Herr Kommissar.« Joachim Teichert ist sichtlich brüskiert. Hölzer hingegen wirkt zufrieden.

»Sie müssen es uns schon überlassen, welche Informationen zur Lösung des Falls beitragen und welche nicht. Oder haben Sie und Ihr ... Kollege etwas zu verbergen?«

Teichert macht Anstalten, zu antworten, doch er wird von seinem Kollegen Friedrich Stegmann zurückgehalten. Hölzer erfasst die Männer vollständig mit seinem forschenden Blick, die Art, wie Stegmann seinen Kollegen berührt, spricht Bände. »Ein gesetzlich verbotener Lebenswandel wirft viele Fragen auf, Herr Teichert.« Hölzer erhebt sich, Brunos Puls beginnt zu rasen, denn er argwöhnt, dass Hölzer durchschaut hat, in welchem Verhältnis die beiden Lehrer zueinanderstehen.

»Chef, kann ich Sie kurz sprechen?«

»Jetzt nicht.« Hölzer behält die beiden Lehrer streng im Blick.

»Chef, bitte. Unter vier Augen.« Bruno tritt in den Blickwinkel seines Chefs.

Hölzer zögert kurz, erhebt sich dann. »Einen Augenblick, die Herren.« Während er Bruno folgt, brabbelt er etwas Unverständliches.

»Chef«, wendet sich Bruno seinem Chef flüsternd zu, als sie das Wohnzimmer verlassen haben. »Wir sind hier auf dem Holzweg. Die beiden haben ein Alibi, keiner von ihnen ist also unser gesuchter Täter.«

»Ich weiß selbst, dass wir nichts in der Hand haben.« Hölzer hat Mühe, so leise zu sprechen, dass die beiden Lehrer nichts davon mitbekommen. »Aber du musst zugeben, dass wir einiges herausgekitzelt haben. Hast du bemerkt, wie die beiden sich ansehen?« Hölzer dreht sich um und geht zurück ins Wohnzimmer. »Meine Herren, wir sind für heute fertig. Auf Wiedersehen.« Hölzer macht kehrt und zischt an Bruno vorbei aus der Wohnungstür heraus. Mit langen Schritten marschiert er zum Wagen. Bruno schließt die Tür auf, Hölzer steigt wütend ein und wartet mit verschränkten Armen, bis auch Bruno im Wagen sitzt und die Tür schließt.

»Hast du nicht mitbekommen, worum es hier geht? Das sind zwei Schwule! Die gehören weggesperrt.«

Bruno wird heiß und kalt. »Wir sollten uns lieber auf die Mordfälle konzentrieren, Chef.«

»Wieso sollten wir wegsehen, wenn wir andere offensichtliche Straftaten während unserer Ermittlungen aufdecken? Das ist nicht das erste Mal und wird auch nicht zum letzten Mal vorkommen.«

Bruno wischt sich mit der Rückhand Feuchtigkeit von der Stirn. »Wir suchen einen grausamen Serienmörder. Diese furchtbaren Verbrechen fordern unsere volle Aufmerksamkeit. Wir haben meiner Meinung nach keine Minute übrig, um Protokolle und Anzeigen für irgendetwas anderes zu schreiben.«

Hölzer hält noch immer seine Arme verschränkt, wie ein bockiger Junge, scheint aber nun über Brunos Worte nachzudenken.

»Das schmeckt mir nicht. Überhaupt nicht. Wozu gibt es Gesetze, wenn nicht einmal wir als Polizisten sie befolgen?«

»Na ja, also mit der genauen Einhaltung der Gesetze ist das ja wohl so eine Sache, Chef, oder?«

»Was willst du denn jetzt schon wieder andeuten? Ich werde doch wohl noch wissen, wie ich Gesetze zu befolgen habe. Was passt dir eigentlich nicht, hä?«

Bruno kommt Hölzers Reaktion unangemessen barsch vor, es gibt seiner Meinung nach keinen Grund sich derart aufzuregen. Hölzer steckt sich eine Zigarette an. »Fahr mich zu Maria!«

Plötzlich greift Hölzer an seine Brust, röchelt und wird kalkweiß im Gesicht.

»Chef! Was ist mit Ihnen?« Bruno beugt sich herüber und öffnet die Beifahrertür, um frische Luft hineinzulassen. Er nimmt Hölzer die brennende Zigarette aus der Hand und wirft sie raus. Hölzer kauert noch immer in derselben Position, sagt kein Wort. Das macht Bruno Angst. »Ich fahre Sie ins Krankenhaus, Chef.«

Da Hölzer nicht widerspricht, sieht Bruno sich bestätigt, startet den Wagen und zischt los.

* * *

Bruno stochert gedankenversunken in dem Kartoffelsalat, den sein Lebensgefährte Georg Bach zubereitet hat. »Schmeckt es dir nicht?«, fragt Georg mit beleidigtem Unterton.

»Doch, Georg.« Bruno greift über den Tisch und streichelt Georgs Hand. »Entschuldige, dass ich heute Abend mit meinen Gedanken woanders bin.«

»Heute Abend? Das geht schon wochenlang so.«

Georg ist Studiosänger und als solcher ein sehr sensibler Mensch, der die feinen Zwischentöne viel besser wahrnimmt, als Bruno, der in seiner Zeit bei der Kriminalpolizei eher verroht ist. Wegen Georgs Sensibilität erzählt Bruno auch wenig von der Arbeit, das sind so schreckliche Details, die er seinem Lebensgefährten auf keinen Fall zumuten kann. Sie haben sich in den letzten Wochen auseinandergelebt, Georg und Bruno sind nicht mehr das Paar, das sie zu Anfang waren. Das ist auch Bruno nicht entgangen. Im Augenblick schwirrt ihm jedoch Ewald Hölzer im Kopf herum und nicht, wie es mit der Partnerschaft weitergeht. »Mein Chef ist heute im Auto zusammengesackt. Ich dachte schon, dass er stirbt.«

Georgs Mitgefühl ist sofort geweckt. »O Gott, das ist ja schrecklich. Wie konnte das passieren? Ist er krank?«

Bruno hebt kurz die Schultern. »Krank ist er nicht direkt. Ein gewisses Alter, ein stressiger Beruf und Alkohol und Zigaretten in Mengen. Das beste Rezept, sich einen Herzinfarkt einzuhandeln. Das hat ihm auch der Arzt erklärt. Aber Herr Hölzer ist ein Sturkopf, wie er im Buche steht.«

»Er ist dir richtig ans Herz gewachsen, oder?«

»Ich weiß nicht, ob er mir ans Herz gewachsen ist. Auf eine merkwürdige Art schon. Er ist ein Stinkstiefel erster Güte. Aber er hat in vielen Dingen auch recht und ich kann viel von ihm lernen.«

»Das verstehe ich. Wird er wieder gesund?«

»Den Prognosen des Arztes nach, ja. Allerdings muss er dringend seinen Lebenswandel ändern. Und genau da sehe ich das Problem.«

Bruno und Georg essen schweigend den Kartoffelsalat.

»Wir waren heute bei einem Verdächtigen in der Wohnung, um ihn zu befragen.«

Brunos plötzlicher Redeschwall überrascht Georg, weil Bruno nie über Verdächtige redet.

»Als wir die Wohnung des Mannes betreten haben, befand sich ein weiterer Mann dort. Angeblich ein Kollege. Herr Hölzer hat ziemlich schnell durchschaut, dass die beiden ein Paar sind.«

»Lieber Himmel, dann musstet Ihr die beiden festnehmen?«

Bruno legt die Gabel neben seinem Teller ab. »Wenn es nach Herrn Hölzer gegangen wäre, schon.«

»Du konntest das verhindern?«

»Mhm«, bestätigt Bruno. Georg erhebt sich enthusiastisch, legt seine Hände an die Seiten von Brunos Gesicht und küsst ihn überschwänglich. »Du bist mein Held.« Georg ergreift Brunos Hand und zieht ihn hinter sich her, Richtung Schlafzimmer.

Dieser Abend könnte schön ausklingen.

Wären da nicht die Sorgen um den Sturkopf Herrn Hölzer.

KAPITEL ACHT

Die vertrauten Geräusche wecken mich: das Gluckern seines Pinkelstrahls, sein erleichtertes Gestöhne und nach dem Spülen sein Raucherhusten und das Hochziehen seines Rotzes. Erschrocken richte ich mich auf. Ich muss in der Nacht eingeschlafen sein, die Unterhosen von Gabi und Brigitte liegen noch neben mir. Wenn der Alte mich damit erwischt, prügelt er mich tot. Eilig krame ich die Wäsche zusammen und schiebe sie unter meine Matratze. Dabei kratze ich mir die linke Rückhand an dem rauen Putz der Wand auf, weil ich zu hastig war. Ich erhebe mich und gehe zum einzigen Stuhl in der Kammer. Wenn er reinkommt, soll er nicht zum Bett kommen. Da steht er auch schon in der Tür, groß und breit, mit Augenbrauen, die unnormal buschig sind. Sein Blick ist finster wie immer. Er starrt mich reglos an. »Wenn du heute von der Arbeit kommst, bringst du was zu fressen mit, verstanden?«

Ich nicke stumm. Mein Vater verzieht eine angewiderte Miene, wendet sich ab und zieht wieder Leine. Wieso ist er eigentlich schon so früh wach? Ich warte nur, bis er in der

Küche ist, dann verschwinde ich. Ich will ihm nicht nochmal begegnen.

Meine Jacke ziehe ich mir an, während ich die Stufen im Treppenhaus hinuntereile. Ich ziehe die schwere Haustür auf, presche auf die Straße und renne Richtung Straßenbahn. Ich bin in Sicherheit.

Schon nach wenigen Minuten Fahrt vergesse ich meinen Alten und denke daran, dass ich mich heute genauer im Obduktionsbereich von Professor Trautwein umsehen werde. Der Anblick der toten Brigitte gestern geht mir nicht mehr aus dem Kopf. Ich muss es schaffen, sie noch mal allein zu sehen, ohne den Professor und erst recht ohne die Kommissare. Wenn es mir gelingt, kann ich nochmals mit ihr machen, was ich will. Sie kann nichts dagegen tun. Wie sie wohl riecht? Wie es sich wohl anfühlt, wenn ich sie berühre?

Beinahe habe ich verpasst, auszusteigen, springe in letzter Sekunde auf und hetze aus der Straßenbahn. Ich bin wieder viel zu früh. Besser hier, als zu Hause. Heute ist zum Glück Paschke, der Penner, nicht zu sehen, das kann ein guter Tag werden. Gutgelaunt öffne ich die Tür zu dem Raum, in dem die Spinde für uns Arbeiter stehen. Die Tür fällt hinter mir härter zu als sonst. Langsam drehe ich mich um. Paschke, der sich hinter der Tür versteckt hat, grinst mich breit an. »Walter Saubert. Walter die Sau!« Da ist wieder keine Chance, an ihm vorbeizukommen. Paschkes Grinsen wird breiter. Ich hasse dieses Schwein.

Mit einem Satz ist er bei mir, packt mich und verpasst mir einen Schlag in die Magengrube. Mir bleibt die Luft weg, ich sehe Sterne. »Saubert, die Sau!«, brüllt er und tritt nach mir. Mit wilden Bewegungen wehre ich seinen Tritt ab, ich hatte schon mal einen Rippenbruch. Das will ich auf keinen Fall noch mal erleben.

Die Tür wird grob aufgestoßen. »Was ist hier schon wieder los?« Kulske, der Chef der Reinigungskräfte ist ein stiernackiger Mann mit kahl rasiertem Schädel, dem ich nicht im Mondschein begegnen möchte. Man sagt, dass er als Soldat massenweise Gemetzel angerichtet haben soll. Ich glaube es.

»Saubert hat angefangen«, plärrt Paschke sofort los.

»Das interessiert mich einen Scheiß, Paschke!« Kulske verpasst Paschke einen harten Faustschlag in den Magen. Geschieht ihm recht, jetzt weiß er mal, wie es sich anfühlt. Paschke liegt am Boden, japst nach Luft und starrt mich aus weit aufgerissenen Augen an. Ich würde ihm liebend gern einen Tritt verpassen. Kulske wendet sich blitzschnell zu mir. »Und du erbärmlicher Haufen Scheiße, lerne endlich, dich zu wehren.« Kulske verpasst mir einen blitzschnellen Schlag mit der flachen Hand an die Seite meines Schädels. Mit dem Schlag höre ich einen Bums, so laut wie eine Explosion, sehe sofort Sterne vor meinen Augen und fliege quer durch den Raum. Ich brauche einige Sekunden, um wieder vollständig zu mir zu kommen, setze mich mit dem Rücken gegen die Wand und stütze mich mit den Händen am Boden ab. Alles dreht sich. Aber das ist nicht das Schlimmste. Von meinem linken Ohr geht ein Schmerz aus, als würde jemand mit einem Messer hineinstechen. Jetzt bemerke ich, dass ich auf diesem Ohr kaum etwas höre. Panik ergreift mich, was hat das zu bedeuten? Ich erhebe mich. Das Schwindelgefühl ist noch da, lässt aber nach. Die Taubheit bleibt, dafür höre ich einen nervenden Pfeifton. Paschke kommt ebenfalls langsam wieder auf die Beine. Zum ersten Mal sieht er mich nicht hasserfüllt an, sondern verheult. Ich liebe diesen Anblick, heuchele aber Mitgefühl. »Der hat dir mächtig eine verpasst. Tuts weh?« Paschke ist leichenblass und nickt. Jede Wette, der heult los, sobald er das erste Wort von sich gibt. Ich kenne diesen Blick von meinen Schwestern, wenn ich ihnen dieselbe Frage gestellt habe, nachdem mein Vater und mein Bruder sie durchgenommen haben. Das ist der Heulsusenblick. Ich hätte nicht gedacht, dass Paschke 'ne Heulsuse ist.

»Und bei dir?«, fragt Paschke mich. Da ich ihm nicht über den Weg traue, verrate ich lieber nicht, wie es mir geht. »Nicht so schlimm«, schwindele ich. Paschke erhebt sich und geht gekrümmt aus dem Raum. Ich gehe zu meinem Spind, ziehe mir den Arbeitskittel über und mache mich auf den Weg. Heute liegt eine Menge Arbeit vor mir.

Ich habe mich extra beeilt, auch heute meine Arbeit schneller zu erledigen, denn der Gedanke daran, nach Feierabend in der Pathologie herumzuschleichen, ist zu verlockend. Als ich endlich vor der breiten Tür stehe, bin ich total aufgeregt. Drinnen ist es nur schwach beleuchtet. Ich schlussfolgere daraus, dass niemand da ist, und schiebe die Tür auf. Kälte schlägt mir entgegen und gleich danach dieser Geruch von Desinfektionsmitteln. Ich will unbedingt Brigitte Sutter noch einmal sehen, öffne deshalb eine der quadratischen Türen der Kühlkammern. Mein Blick fällt auf bleiche Füße, ich beuge mich herunter und schaue weiter hinein. Vor mir liegt der käsige Körper eines fetten Mannes, was mich ekelt. Ich habe keinen Bock, mir Schwänze anzugucken, weshalb ich die Tür wütend wieder zuknalle und zur nächsten gehe. Das darf doch nicht wahr sein, schon wieder ein Mann. Auch diese Tür schließe ich wieder. In der dritten Kühlkammer erkenne ich zwar eine Frau, aber die ist alt und fett. Ihre Titten hängen schlaff zu den Seiten herunter und ihre Schenkel sind so dick, dass man ihre Möse nicht erkennen kann. Ich habe die Schnauze voll von diesen Anblicken, das ist einfach nur ekelhaft. Junges Fleisch ist mir lieber. Ich schließe auch dieses Kühlfach wieder und muss daran denken, dass ich heute unbedingt frisches Fleisch besorgen muss.

Ich bekomme einen wahnsinnig gierigen Trieb auf knackige Titten und eine knackige Möse. Blitzschnell husche ich aus der Pathologie heraus. Ich werde mir heute Nummer drei holen.

Draußen beginnt Nieselregen zu fallen. Ich mag es, wenn es regnet. Allerdings sind dann leider weniger Frauen unterwegs. Plötzlich erkenne ich Kulske, der vor mir läuft. Ich mache einen Satz in einen Hauseingang und spähe um die Ecke. Er hat mich nicht bemerkt, gut so. Unterbewusst fühle ich nach meinem linken Ohr. Zum Glück ist der stechende Schmerz verschwunden und ich kann wieder besser hören. Er hält ein junges Mädchen im Arm, vielleicht seine Tochter? Er hat einmal erwähnt, wie stolz er auf sie ist und dass er sie immer beschützen würde. Der Nieselregen lässt nach. Ich folge den beiden, nehme immer wieder in Hauseingängen oder hinter Gebäudeecken Deckung. Das Mädchen ist ungefähr zwölf, schlank und hat brünette Haare. Genau, wie Kulske seine Tochter einmal beschrieben hat. Und genau das, was ich jetzt brauche. Es macht mir Spaß, Kulske der Drecksau und seiner Tochter zu folgen und mir dabei auszumalen, wie ich aus der Kleinen Fleisch herausschneide. Aber dazu wird es wohl leider nicht kommen, denn Kulske der Gorilla begleitet sie. Ich beschließe deshalb, die Verfolgung abzubrechen. Im selben Moment umarmen sich die beiden. Ich höre Wortfetzen: *Papa ... lieb ...* und *Elisabeth*. Kulskes süße Tochter heißt also Elisabeth. Gut zu wissen, dann hat Unterhose Nummer drei auch schon einen Namen. Kulske geht weiter und Elisabeth verschwindet in einem Hauseingang. Was für eine unerwartete Freude! Vielleicht habe ich doch noch eine Chance, die Kleine zu bekommen.

Nachdem Kulske außer Sicht ist, warte ich noch, bis ich mir sicher bin, dass der Penner nicht zurückkehrt. Dann gehe ich zu dem Hauseingang, in dem das Mädchen verschwunden ist. Im Hochparterre ist das Fenster einen Spalt breit geöffnet, ich höre Klaviermusik. Mit den Fingern erreiche ich einen Sims unter dem Fenster und ziehe mich daran hoch. Es ist die Kleine! Vor Aufregung rutsche ich ab, komme aber auf dem Boden auf, ohne zu stürzen. Verdammt, ich muss vorsichtiger sein, wenn ich meine Finger verletze, kann ich sie nicht würgen. Unauffällig sehe ich mich um, kein Mensch zu sehen. Ich gebe mich so normal wie möglich, pfeife leise, überquere die Fahrbahn und gehe in ein Haus auf der gegenüberliegenden Straßenseite. Die Tür hat ein Sichtfenster, durch das hindurch ich die Kleine beobachten kann. Eine *Klavierstunde* dürfte nicht nur so heißen, sondern auch eine Stunde lang dauern. So lange muss ich hier versteckt bleiben.

Die Zeit will einfach nicht vergehen. Andauernd gehe ich nervös auf und ab, gaffe sofort wieder durch das dreckige Fenster herüber und stehe dann aufs Neue wie blöd rum und warte. Der Scheißklavierlehrer latscht ständig hinter dem Fenster umher und fuchtelt dabei mit einer Hand in der Luft herum. Dieses bescheuerte Geklimper! Klavierunterricht – das sieht Kulske ähnlich. Das Arschloch muss seine feine Tochter natürlich zum *Klavierunterricht* schicken! Als ob er was Besseres ist. Na warte, Kulske! Wenn ich mit deiner Elisabeth fertig bin, hat es sich ausgeklimpert. Und du wirst flennen wie ein Baby, du Drecksau. Die Knochen meiner zusammengepressten Fäuste knacken.

Endlich. Kulskes Tochter steht neben dem Klavierlehrer, sie quatscht mit ihm. Mein Herz überschlägt sich vor Freude, jeden Moment wird sie aus dem Haus kommen. Dann geht es los. Da ist sie ja. Sie tritt auf die Straße und geht nach rechts, in die Richtung, in die ihr Vater verschwunden ist. Kulske! Was, wenn er sie abholt? Ich werfe mich mit dem Rücken gegen die Hauswand und beiße in meine Faust. Allein der Gedanke an Kulske macht mich fertig. Der versaut mir alles. Aber vielleicht holt er Elisabeth ja gar nicht ab.

Mit einem Satz bin ich an dem Sichtfenster. Elisabeth ist

nicht mehr zu sehen. Scheiße! Weil ich zu lange gezögert habe, ist die Kleine hinter einer Hausecke verschwunden. Sie darf nicht weg sein. Ich will sie haben. In Panik renne ich hinterher, halte kurz und spähe um die Ecke. Dort hinten läuft sie – was für ein Glück. Ich könnte schreien, vor Freude und Geilheit. Ich hole den Abstand schnell wieder auf. Mein Herz wummert bis in meine Ohren, ich könnte auf der Stelle über das Mädchen herfallen. Kurz setze ich dazu an, schaue aber vorher die Fenster zu beiden Straßenseiten entlang. Hier und da brennt Licht. Ich muss mich gedulden. Aber dann wird es umso schöner. Hier vor aller Augen kann ich Elisabeth unmöglich töten. Drei Querstraßen weiter ist eine Parkanlage, in der abends kaum ein Mensch zu sehen ist. Wenn ich das Mädchen zur Besinnungslosigkeit gewürgt habe, werde ich sie dorthin bringen. Nach den hässlichen Anblicken in der Pathologie wird sie eine Augenweide für mich sein. Mein Ding wird steif.

Der richtige Zeitpunkt ist da. Sie hört mich, dreht sich um, will schreien, aber es ist zu spät. Meine Finger umklammern bereits ihren dürren Hals. Mit weit aufgerissenen Augen starrt sie mich an, krächzt, sabbert, kratzt an meinen Händen. Ich lache glücklich, beobachte erregt ihren Kampf, der so kindlich schwach ist, dass ich weiter erregt werde. Du hast es gleich überstanden, Elisabeth, das verspreche ich dir. Lächelnd muss ich an die erste Frau denken und wie unsicher ich mich dabei fühlte. Inzwischen habe ich Routine und weiß, wie lange ich zudrücken muss. Und ich weiß, dass ich weiter drücken muss, auch wenn sie schon reglos ist. Denn zuerst sind sie nur bewusstlos und können wieder aufwachen. Diese Kleine soll aber nicht wieder aufwachen, denn wir haben noch eine Verabredung in der Parkanlage. Kreischende Hilferufe kann ich dabei überhaupt nicht gebrauchen.

Sie ist längst zusammengesackt und ich habe ihren erschlafften Körper auf den Boden sinken lassen, ohne meinen Würgegriff zu lockern. Zwar sind die zwei Minuten (mein Erfahrungswert), um, sodass sie inzwischen abgekratzt sein sollte. Aber ich würge weiter. Ich möchte diesen schmächtigen Hals am liebsten nie wieder loslassen. Dieses Mädchen übertrifft jetzt schon alles. Sie war mir sofort unterlegen, es war ein Kinderspiel mit ihr. So liebe ich es.

Ihre Zunge hängt heraus, ist dunkel verfärbt, ihr Gesicht ist lila angelaufen und ihre Augen starren ins Leere. Die ist eindeutig hin. Ich schiebe meine Arme unter ihren federleichten Körper, hebe sie hoch und gehe los, Richtung Parkanlage. Es ist inzwischen dämmerig, gut so. Obwohl ich es kaum erwarten kann, nehme ich nicht das erstbeste Gebüsch, sondern trage Elisabeth immer weiter in den Park hinein. Dann erreiche ich eine Stelle, die stockduster und von dichten Gebüschen umringt ist. Das ist der richtige Ort. Noch einmal schaue ich mich um, dann trage ich Elisabeth andächtig in die Dunkelheit. Sie ist etwas Besonderes. Im Zeitlupentempo lege ich sie auf den Boden, knie mich neben sie und lege meine Hand auf ihren Bauch. »Bestimmt hat sich dein Vater fest vorgenommen, deinen ersten Mann genau unter die Lupe zu nehmen, nicht wahr, Elisabeth?« Ich beuge mich nahe an ihr Gesicht heran. Elisabeth sagt nichts zu meiner Frage. Ich weiß es auch so. Kulske platzt vor Stolz über Elisabeth. Sie ist natürlich die beste Tochter auf der Welt. Und seine Enkel wären ebenso die besten Enkel auf der Welt. So wie überhaupt alle Kulskes die besten Menschen auf der Welt sind, nicht wahr? Wütend verpasse ich Elisabeth einen Fausthieb in die Seite. »Entschuldigung«, setze ich sofort nach. »Du kannst ja nichts für deinen bescheuerten Vater.« Ich küsse ihren Mund. »Entschuldigung Elisabeth. Das war böse von mir. Aber jetzt werde ich ganz lieb sein.« Ich nehme mehrere tiefe Atemzüge, dann öffne ich Elisabeths Bluse, schiebe ihren Rock hoch und betrachte sie so. Mein Schwanz springt in die Höhe, ich schlage mit den

Fingern darauf, sodass er in der Luft wippt. »Du bist noch nicht dran.«

* * *

Ich bin traurig. Zu gern hätte ich Elisabeth im Gebüsch liegen lassen, ohne Fleisch aus ihr herauszuschneiden, denn sie war etwas Besonderes. Aber es sollte nicht sein. Ich musste Fleisch herausschneiden, weil mein bescheuerter Vater hungrig ist. Ich hasse ihn. Elisabeth war wirklich besonders. Vielleicht habe ich mich sogar verliebt. Sie war dürr, aber ihre Arschbacken boten erstaunlich viel Fleisch.

Guter Dinge öffne ich die Wohnungstür. »Vater, ich habe Essen mitgebracht. Es gibt Kochfleisch.«

KAPITEL NEUN

Schon von weitem erfasst Kriminalkommissar Bruno Renz die Situation: Der Serienmörder hockt über einem Mädchen, würgt es. Bruno Renz wendet alle Kraft auf, um dort hinzukommen, aber seine Bewegungen werden gebremst, als würde er sich unter Wasser bewegen – schlimmer noch, er kommt trotz aller Anstrengung nur millimeterweise voran. Der Mörder nimmt wieselflink die Hände vom Hals des Mädchens, zückt ein Messer und setzt es am Bauch des Mädchens an. Bruno will schreien, doch er bekommt keinen Ton heraus, er will seine Waffe ziehen, doch auch diese Bewegung ist unmöglich. Das Messer durchtrennt die Bauchdecke des Mädchens. Die junge Frau – besser gesagt, das Kind – will schreien, bringt aber nichts, als einen panischen Blick und ein absurd gurgelndes Geräusch zustande. Der Mörder zerrt die von sprudelndem Blut und Schleim umgebenen Eingeweide mit glitschenden Geräuschen aus dem geöffneten Körper. Das Opfer weint, starrt abwechselnd auf seinen Körper und in Brunos Richtung, streckt ihre Arme nach ihm aus. Kriminalkommissar Bruno Renz stemmt sich mit aller Kraft gegen den Widerstand, doch selbst ein kleiner Schritt dauert ewig und kostet alle Kraft. Er kann das Mädchen nicht erreichen. Der Mörder schwenkt seinen Kopf unnatürlich schnell in Brunos Richtung und starrt ihm direkt in die Augen – eine Teufelsfratze. Langsam hebt der Mörder mit der Teufelsfratze seine Blut triefenden Hände, in denen er Gedärme und ein winziges schlagendes Herz hält und reicht Bruno sein Werk. Der Kriminalkommissar wendet seine letzten Kräfte auf, er will dieses Mädchen retten und dieses Monster unschädlich machen. Doch seine Bewegungen werden unerbittlich gebremst. Es ist hoffnungslos, er wird das Kind nicht retten können, dennoch kämpft er dagegen an, bäumt sich auf.

Mit einem Schrei schreckt Bruno Renz in seinem Bett auf. Schweißgebadet sitzt er da, starrt vor sich hin und kann die schrecklichen Bilder nur langsam der Traumwelt zuordnen.

»Wieder ein Albtraum?«, fragt ihn sein Lebensgefährte Georg Bach.

Bruno lässt sich zurück ins Kissen fallen. »Diese Fälle machen mich fertig.« Ihm wäre wirklich danach zumute, sich auszusprechen. Dennoch geht Bruno vor Georg nicht weiter ins Detail.

»Du darfst deine Arbeit nicht so nahe an dich heranlassen, Bruno. Sonst ergeht es dir eines Tages wie deinem Chef und du bekommst auch einen Schwächeanfall oder Schlimmeres.«

»Wenigstens hat Herr Hölzer keinen schweren Herzinfarkt. Das war meine erste Befürchtung, als er im Auto zusammengesackt ist. Diesen starken Mann so hilflos zu sehen, war schrecklich. Ich hatte mir wohl eingebildet, dass Hölzer unverwundbar ist. Aber dann kam der Zusammenbruch und hat gezeigt, dass jeder verletzbar ist.« Bruno hievt sich aus dem Bett, um ins Badezimmer zu gehen. Georg schaut ihm ungeniert hinterher.

* * *

Bruno ist nervös. Die ganze Fahrt über zum Krankenhaus ging ihm die Frage durch den Kopf, wie es weitergeht. Nun stellt er den Motor ab, steigt aus und geht auf den Eingang des Krankenhauses zu. Georg hatte noch witzig gemeinte Bemerkungen gemacht, wie *dann wirst du schneller befördert*. Aber Bruno konnte beim besten Willen nicht darüber lachen. Natürlich ist er ehrgeizig und will eines Tages Herrn Hölzers Nachfolger werden. Aber nicht so abrupt und schon gar nicht auf diese Weise. Nein, er wünscht dem Raubein Hölzer noch viele Jahre und einen gesunden Übergang in die Pension.

Im Foyer des Krankenhauses denkt Bruno, ihn würde der Schlag treffen. Auf einer Besucherbank sitzt Hölzer und starrt demonstrativ auf seine Armbanduhr, als er Bruno erblickt.

»Wird ja auch Zeit, dass du auftauchst.« Hölzer erhebt sich, als wäre nie etwas geschehen, geht an Bruno vorbei Richtung Parkplatz.

»Herr Hölzer, sind Sie sicher, dass Sie schon gehen sollten?«

Hölzer tut so, als hätte er nichts gehört und verlässt die Vorhalle. Bruno eilt hinterher. »Herr Hölzer, Sie hatten einen Zusammenbruch. Mit so etwas ist nicht zu spaßen.«

»Papperlapapp«, raunt Hölzer, stellt sich vor den Dienstwagen und legt die Hand auf die Klinke. »Mach die Tür auf, bevor ich zusammenbreche.« Hölzer lacht dreckig.

Der Kerl wird sich nie ändern und seine Gesundheit immer auf die leichte Schulter nehmen. Bruno wird diesen Mann nicht mehr ändern, weshalb er ihm kommentarlos die Tür aufschließt, einsteigt und den Zündschlüssel umdreht.

. . .

Der Wagen rollt noch, da reißt KHK Hölzer die Beifahrertür bereits auf und brüllt: »Stop!« Wutentbrannt prescht Hölzer auf die Polizisten Mücke und Stutz zu, die am Tatort umherlaufen. Mücke qualmt dabei eine Zigarette, die er auf dem Boden austritt, als er Hölzer sieht.

»Seid ihr total bescheuert, hier rumzulaufen und Spuren zu vernichten?«

»Ist ja schon gut, Chef.« Arthur Stutz weicht respektvoll zurück, Eckard Mücke murrt, wie ein eingeschnappter Junge.

»Wie viele von deinen Kippen hast du hier schon verteilt, Mücke?«, brüllt Hölzer den Polizisten in Uniform an.

»Drei ...«

»Wo genau?«, will Hölzer wissen. Mücke will zu der Stelle gehen, Hölzer stoppt ihn mit einem groben Griff vor die Brust. »Nur zeigen!«

Mücke deutet auf zwei Stellen. Hölzer sieht über seine Schulter zu Bruno, der nickt und geht dort hin. Bruno trägt eine Umhängetasche, in der er seine persönlichen Utensilien zur Spurensuche mit sich führt. Daraus entnimmt er einen Fotoapparat und mach Aufnahmen von den Kippen am Boden. Dann hebt er die Zigarettenreste mit einer Pinzette auf und tut sie jeweils in eine Papiertüte, die er mit *Mücke* beschriftet. Bruno lässt seinen Blick gründlich über den Tatort schweifen, legt den Kopf in den Nacken und schaut nach oben. »Chef, wenn ich auf den Baum klettere und von dort aus fotografiere, haben wir Gesamtaufnahmen.«

»Mach das.« Hölzer treibt die Uniformierten zurück zu den Autos. »Seht zu, dass ihr die Leute in der Umgebung befragt. Klingelt zuerst in den Wohnungen, deren Fenster zum Tatort ausgerichtet sind. Dann alle anderen. Dasselbe Programm, wie bei den beiden anderen Morden auch.«

Mücke nimmt seine Dienstmütze vom Kopf und kratzt sich mit der anderen Hand seinen Hinterkopf. »Chef, war das derselbe Mörder?«

Hölzer schnauft laut. »Wir gehen davon aus. Aber haltet die Klappen, Kollegen! Zu keinem ein Wort. Von dem Mist hier darf nichts an die Presse geraten. Ich will keine Panik in der Bevölkerung. Habt ihr das verstanden?«

Mücke und Stutz bestätigen mit stummem Kopfnicken und gehen dann los, Richtung Wohnhäuser.

»Ach, Mücke?«

»Ja, Chef?«

»Geh bloß mal wieder zum Friseur, du siehst aus wie ein Gammler.«

»Ja, Chef.«

Hölzer wendet sich um und beobachtet wieder Bruno, der inzwischen auf einem Baum hockt und eifrig Fotos schießt. Inzwischen hat Hölzer sich einen Fliegenwedel besorgt, mit dem er ständig um sich fuchtelt und immer wieder über die *Scheißviecher* flucht. Brunos Engagement und seine frischen Ideen gefallen Ewald Hölzer immer mehr. Ihm selbst wäre sicherlich nie der Gedanke gekommen, auf einen Baum zu klettern. Aber *Gesamtaufnahmen* stellt sich Hölzer interessant vor. Hölzer geht außerhalb der Fotoperspektive um den Tatort herum und versucht, in Gedanken zu rekonstruieren, wie dieses grauenhafte Geschehen sich abgespielt haben könnte. Wie bei Opfer Nummer eins ist der Torso mit Kreuzschnitten geöffnet und Innereien ragen heraus. Ob etwas fehlt, kann Hölzer nicht sagen. »Wird Professor Trautwein heute nicht die Leiche untersuchen?«

»Doch. Er hat nur keine Zeit, zum Tatort zu kommen. Er hat mir aber genaue Instruktionen gegeben, worauf ich achten soll. Herr Professor Trautwein schaut sich das Opfer dann im Institut an.« Hölzer steckt die Hände in die Hosentaschen. Er kommt sich überflüssig vor, wird aber den Lauf der Dinge nicht bremsen. Es geht um mehr, als persönliche Eitelkeiten.

Als Bruno näher an die Leiche herantritt, stößt er einen unterdrückten Schrei aus.

»Was ist?« Hölzer rastert Bruno, bleibt aber, wo er ist. Brunos Gesicht ist kalkweiß. »Ich kenne das Mädchen.«

»Woher?«

Brunos Hände zittern. »Ich weiß nicht genau.« Er wischt sich die feuchte Stirn mit der Rückhand ab. »Jetzt fällt es mir wieder ein: aus Professor Trautweins Institut!«

»Heiliger Strohsack, sag bloß, das ist eine Verwandte vom Professor.«

»Nein, das nicht. Sie ist die Tochter eines Mannes, der dort arbeitet. Wie war der Name gleich?« Bruno schnippt mit den Fingern. »Kulske! Ein Vorarbeiter bei den Reinigungskräften. Professor Trautwein hat einmal mit ihm gesprochen, als ich dazukam. Wir sind dann zusammen rausgegangen. Draußen hat seine Tochter ihn abgeholt. Elisabeth.«

Hölzer und Bruno schweigen grübelnd.

»Die Sache gefällt mir nicht, Bruno. Dass jetzt jemand aus unserem Dunstkreis Opfer geworden ist, kann bedeuten, dass der Täter sich in unserem Umfeld bewegt.«

»Das sehe ich genauso, Chef. An einen solchen Zufall glaube ich nicht.«

Abermals schweigen die Kommissare.

»Bist du hier so weit fertig?«

Bruno zieht den Trageriemen seiner Ledertasche über die Schulter. »Ja.«

»Wann kommen die Leichentransporter?«

»Die sollten schon hier sein.« Bruno schaut auf die Armbanduhr. »Hm.«

* * *

Ewald Hölzer lässt sich erschöpft in seinen Bürostuhl fallen. »Ich bin fix und fertig. Anderthalb Stunden in diesem Park neben der Leiche des Mädchens zu warten und das bei dieser Hitze ist kein Spaß.« Bruno sorgt sich nach wie vor um seinen Chef. Es war von Anfang an klar, dass Hölzer besser noch eine Zeit lang im Krankenhaus hätte bleiben sollen. Er stellt Hölzer ein Glas Wasser auf den Schreibtisch. Hölzer trinkt es aus, ohne sich zu bedanken. »Ich habe genug für heute, Bruno.« Hölzer erhebt sich. Bruno springt ebenfalls auf. »Ich fahre Sie nach Hause.«

»Bis morgen«, sagt Hölzer matt, steigt aus dem Wagen und verschwindet, kraftlos gehend, im Haus. Bruno schaut ihm lange hinterher. Auch, nachdem die schwere Tür hinter Hölzer zugeknallt ist. Eines Tages wird es ihn nicht mehr geben, diesen knorrigen Kerl Ewald Hölzer, der niemandem traut und niemanden an sich heranlässt. Was auch immer Hölzer zu dem gemacht hat, was er ist. Allem Anschein nach arbeitet er mit Vollgas daran, sich zugrunde zu richten. Ganz gleich, was Hölzer für ein Sturkopf ist, Bruno mag ihn inzwischen, wie einen ... Vater, dem man seine Sorgen anvertrauen kann. Sein eigenes Versteckspiel macht Bruno mehr und mehr zu schaffen und er ahnt, dass er es nicht mehr lange aushält, wenn er nicht bald mit jemandem darüber reden kann. Einmal war es schon fast so weit, als Bruno und Hölzer wieder in Hölzers Stammkneipe beieinander saßen. Bruno hatte mehr Weinbrand-Cola getrunken, als er vertrug und so war sein Mut, zu reden, groß. Am Ende traute er sich aber doch wieder nicht.

Bruno sieht auf die Uhr. Georg wird schon mit dem Essen auf ihn warten.

Wieder einmal.

Dann werden sie sich gegenübersitzen und Bruno wird vieles nicht aussprechen.

Wieder einmal.

Schließlich wird Georg sich beklagen, dass er, Bruno, ihn viel zu selten bei seinen Auftritten besucht.

Sein ganzes Leben ist ein Versteckspiel, das Bruno mehr und mehr zermürbt. Er und Georg leben wie Gefangene, obwohl sie nichts verbrochen haben. Die einzige Freiheit, die Bruno hat, ist seine Arbeit. Aber selbst dort muss er ständig auf der Hut sein und darauf achten, dass niemand hinter sein Doppelleben kommt.

Er startet den Wagen. Jetzt wird er auch noch die Eltern des Mädchens allein informieren müssen. Danach wird er dringend eine Ablenkung brauchen. Da gibt es diesen neuen Klub, in dem sich nur Männer treffen. Es muss wunderbar sein, sich mit Menschen zu umgeben, die einen verstehen und vor denen man sich nicht verstecken muss.

KAPITEL ZEHN

Es ist still in der Wohnung. »Vater, ich habe Essen mitgebracht. Es gibt Kochfleisch«, wiederhole ich etwas lauter, bekomme aber immer noch keine Antwort. Der Alte ist um diese Uhrzeit normalerweise noch zu Hause. Vielleicht ist ihm ja etwas zugestoßen, haha. Dann hätte ich endlich die Wohnung für mich allein. Ich trage das Fleisch in die Küche, werfe es in den Kochtopf und fülle Wasser auf. Aus dem Schrank nehme ich die Tüte mit Lorbeerblättern. Es sind die letzten zwei getrockneten Blätter, ich muss neue besorgen. Zwei Blätter sind besser als keins. Dafür tue ich heute Kümmel mit ins Wasser. Piment ist noch mehr als genug da. Ich drehe den Gashahn auf, entzünde die Flamme und schleiche in Richtung meines Zimmers, um Elisabeths Unterhose mit ihrem Namen versehen und verstecken zu können. Im Vorbeigehen linse ich ins Schlafzimmer des Alten, aber auch dort ist er nicht. Das ist mehr als eigenartig, soll mir aber wurscht sein, dann habe ich wenigstens meine Ruhe.

Elisabeths Unterhose ist schnell versteckt. Ich hätte zwar zu gern noch Zeit mit ihr in meinem Bett verbracht, aber mit der Angst, dass der Alte plötzlich vor mir steht, kann ich mir einfach keinen runterholen.

Es schließt! Ich springe auf, eile aus meinem Zimmer heraus und stelle mich in der Küche vor den Herd. Das Wasser sprudelt und köstlicher Duft steigt mir in die Nase. Die beiden Fleischklumpen aus Elisabeths Arschbacken tanzen in dem blubbernden Wasser, ich stelle die Flamme kleiner und lege den Deckel auf den Topf. Mein Vater betritt die Küche. Ich spreche ihn nicht an, warte ab und bleibe dem Herd zugewandt. Er hasst es, wenn ich ihn anglotze, weil er meine *blöde Fresse nicht sehen kann*. Ich lausche den Geräuschen hinter mir mit wummerndem Herzen. Er nimmt eine Flasche Bier aus der Kiste, öffnet sie mit einem Zischgeräusch und setzt sich an den Tisch. Ich höre, wie er gluckernd trinkt und die Flasche hart auf den Küchentisch stellt. »Die Bullen waren hier.« Ich erstarre in meinen Bewegungen. Dann höre ich das Geräusch eines entflammten Streichholzes und er inhaliert einen tiefen Zug. »Hast du gehört?«, nuschelt er mit Zigarette im Mund.

»Ja, klar. Die Bullen waren hier. Hast du etwas angestellt?«

»Was soll ich schon angestellt haben, du dummes Schwein?« Er gluckert einen weiteren langen Zug herunter, stöhnt laut und knallt die Flasche auf den Tisch. Das Zeichen für mich, dass er eine neue will. Ich öffne eine neue Pulle und räume die leere in die Kiste. Gleich morgen muss Nachschub her.

»Was wollten sie denn?«

»Haben nix weiter rausgelassen, wollten immer wieder nur wissen, ob ich was Verdächtiges gesehen habe.«

»Und? Hast du was gesehen?«

»Was soll ich schon gesehen haben, du Idiot? Warum fragst du überhaupt so bescheuert? Waren die wegen dir hier?« Der Alte erhebt sich, ist mit einem Satz bei mir und schlägt mir mit der flachen Hand gegen den Kopf. »Los, raus mit der Sprache, bist du ein Spitzel? Hast du mir die Bullen auf den Hals gehetzt?«

Seine Aufenthalte im Knast haben ihm den Verfolgungswahn eingebracht, dass überall Spitzel lauern. Ich hebe meine Hände vors Gesicht, er schlägt zu. Sein Schlag wird durch meine Schutzbewegung nicht gemindert, im Gegenteil. Nun schmerzt nicht nur mein Gesicht, sondern auch noch meine rechte Hand.

»Arschloch«, brüllt er und setzt sich wieder an den Tisch. Eilig stelle ich ihm die geöffnete Flasche auf den Tisch und eile zum Kochtopf. Das Fleisch ist zwar einigermaßen zart, trotzdem müsste es mindestens noch eine halbe Stunde lang kochen. Aber sein Hunger steht ihm ins Gesicht geschrieben und ich will nicht noch was in die Fresse bekommen. Deshalb nehme ich Elisabeths Arschbacken aus dem Sud und tue sie auf seinen Teller. Ich verzichte heute auf mein Abendessen. Sofort sticht er mit der Gabel hinein und führt sich einen der beiden dampfenden Brocken zu Munde. »Autsch«, zischt er nach seinem ersten Biss und pustet heftig. Vorsichtig gehe ich zurück, sodass ich entfernt von ihm am Herd stehe. Inzwischen hat sein Pusten das Fleisch wohl abgekühlt, denn er schlägt seine Zähne hinein und reißt ein Stück aus dem Brocken.

»Zähe Scheiße!« Er beißt trotz Fluchens wieder ab. »Hast du da Kümmel drin? Ich hasse Kümmel.« Sein Blick bleibt auf das Fleisch gerichtet und er frisst schnell und gierig weiter. Endlich erhebt er sich und streckt gähnend seine Arme zu beiden Seiten. »Jetzt brauche ich ein Schläfchen.«

Ich bin erleichtert, als er endlich raus aus der Küche ist und auf der Toilette verschwindet.

Die Sache mit der Polizei im Haus beunruhigt mich. Ich glaube zwar nicht, dass diese beiden Idioten von Kommissaren schlau genug sind, mir auf die Spur zu kommen. Aber man weiß ja nie. Nachdenklich knete ich meinen Sack.

Gerade, als alles so gut läuft, kommen mir diese Scheiß-Kommissare in die Quere. Ich werde jetzt zwei Dinge tun. Erstens werde ich mehr über die beiden Penner in Erfahrung bringen. Vielleicht haben die ja auch Töchter, so wie Kulske, der mich nie wieder schlagen wird, haha. Und zweitens werde ich in nächster Zeit erst einmal kein Fleisch aus Mädchen schneiden.

Es ist zum Heulen. Endlich habe ich meine Erfüllung gefunden und weiß, wie ich mit Mädchen umzugehen habe, da tauchen zwei Bullen auf und machen alles kaputt. Kurz zweifle ich, ob ich nicht zu übervorsichtig bin. Meinen Weg wieder zu verlassen, kann ein Fehler sein. Denn Tiere auszuweiden ist nicht derselbe Spaß, wie den Körper eines Mädchens aufzuschlitzen und ihre Wärme zu spüren, wenn man die Innereien aus ihr herauszieht. Tiere haben nicht diese wunderbare Angst, die mir unvergleichbare Macht verleiht. Und Tiere zu ficken ist auch nur halb so spaßig. Aber die Sicherheit geht vor. Als ich noch bei Fleischermeister Kröpke gearbeitet habe, bin ich damit schließlich auch zurechtgekommen.

* * *

So macht mir die Arbeit einfach keinen Spaß. Lustlos schiebe ich den Besen die Flure entlang und muss immer wieder an Elisabeth denken und daran, dass mir dieser Spaß zunächst nicht mehr vergönnt sein soll. Aber dann sehe ich die beiden Bullen und verstecke mich sofort, bevor sie mich entdecken. Ich folge ihnen und lausche. Sie befragen jeden, den sie in die Finger bekommen, nach Kulske. Meine Entscheidung, mich ruhig zu verhalten und keine Mädchen auszuweiden, war also richtig. Mit meinem Besen in der Hand schleiche ich den Bullen hinterher und lausche an jeder Tür. Sie wollen wissen, ob Kulskes Tochter öfter in der Charité war, um ihren Vater abzuholen, was sie und ihr Vater für ein Verhältnis zueinander hatten, ob Elisabeth sich Feinde gemacht hat und all dieses Zeug. Plötzlich kommt mir eine meiner grandiosen Ideen: Ich könnte mich doch bei den Bullen als Zeuge melden und sagen, dass Kulske seine Tochter begrapscht hat. Das wäre die Krönung meiner Rache, Kulske im Knast. Haha.

Für heute habe ich genug. Eigentlich wollte ich mich noch heimlich in Professor Trautweins Pathologie umsehen. Vielleicht könnte ich dort ja zwischen die Beine eines jungen und hübschen Mädchens schauen. Aber mein Kopf brummt und ich will jetzt einfach nur noch raus hier.

KAPITEL ELF

Bruno wankt benebelt und verfehlt mit dem Schlüssel das Schloss seiner Wohnungstür. Mehrfach kratzt er mit dem Schlüssel an dem Schließblech, anstatt die Öffnung zu treffen. Plötzlich wird die Wohnungstür aufgerissen. Georg stemmt die Fäuste in die Taille und schaut an dem zerzausten Bruno entlang. »Wie schön, dass du auch schon nach Hause findest.« Georg lugt zu beiden Seiten in den Flur, es scheint kein Nachbar etwas mitbekommen zu haben. Die permanente Angst, als Paar mit einem Mann gesehen zu werden, macht ihm zwar weniger zu schaffen, als seinem Partner Bruno. Dennoch ist er allzeit aufmerksam. Hastig zieht er Bruno in die Wohnung und schließt die Tür.

»Ich habe ein bisschen was getrunken«, lallt Bruno.

Georgs Liste von Dingen, die er nicht ausstehen kann, ist lang. Betrunkensein steht weit oben, das weiß Bruno. Ihm das nochmals in aller Deutlichkeit klarzumachen, verschiebt Georg auf morgen. Denn mit Betrunkenen reden zu müssen, steht ebenfalls ganz oben auf seiner langen Liste.

»Georg, ich muss dir etwas sagen ...«

»Schon gut«, unterbricht Georg seinen Freund und schiebt

ihn Richtung Badezimmer. Bruno stinkt zusätzlich nach Zigarettenrauch – ebenfalls ein Punkt unter den ersten Plätzen! Er nimmt Bruno Jacke und Hose ab und lässt ihn in Unterwäsche im Badezimmer zurück. Er soll sich gefälligst gründlich waschen, bevor er ins Bett kommt. Wenn er Glück hat, ist das Wasser im Badeofen noch lauwarm. Wenn nicht, soll er gefälligst kalt duschen. Obwohl Georgs Ärger grenzenlos ist, empfindet er gleichzeitig Erleichterung, dass Bruno halbwegs unversehrt heimgekehrt ist. Bei seinem gefährlichen Beruf kann jeden Tag etwas passieren. Zumal Bruno in letzter Zeit von einem außerordentlich gefährlichen Verbrecher geredet hat, den er und sein Kollege Hölzer jagen. Es schaudert Georg bei dem Gedanken an die Dinge, die Bruno über diesen schrecklichen Mörder erzählt hat.

Georg lauscht. Duschwasser prasselt. Es scheint alles in Ordnung zu sein. Er setzt sich an den festlich gedeckten Tisch, an dem er Bruno vor Stunden mit einem romantischen Essen zu zweit überraschen wollte. Heute ist der dritte Jahrestag der beiden. Es war immer ein ganz besonderer Tag, an dem die Männer sich viel Zeit füreinander nahmen und es nur um die beiden ging. Sie erzählten sich alte Geschichten, aus der Zeit, als sie sich kennenlernten. Damals fielen sie einander sofort auf, aber keiner von beiden traute sich anfangs den ersten Schritt zu tun. Bald hafteten ihre Blicke länger aneinander und schließlich lernten sie sich kennen. Bruno hatte den Anfang gemacht. Er war schon immer der Mutigere von beiden. Dennoch war Bruno immer aufmerksam und zärtlich, kein Macho. Diese Angebertypen mag Georg absolut nicht.

Traurig bläst Georg die beinahe heruntergebrannten Kerzen aus. Bruno hat sich verändert, seit er diese Arbeit macht. Er ist verschlossener geworden. Und er wirkt oftmals unglücklich, obwohl er das immer abstreitet. Eine Kluft hat sich zwischen den beiden gebildet, die stetig größer wird. Es kommt nicht mehr so oft zu tiefgründigen Gesprächen, in denen man sich ehrlich für den anderen interessiert. Und wenn, enden diese viel zu schnell, weil das Gift der Resignation allmählich seine Wirkung entfaltet. Georg erhebt sich, geht zum Fenster und lugt durch den Spalt in den Vorhängen. Es hat geregnet. Das goldene Licht der Gaslaternen gleitet seicht zu Boden und lässt die buckeligen Pflastersteine glänzen. Er öffnet das Fenster. Georg liebt Sommerregen. Wieder kommt ihm die Zeit, des Kennenlernens in greifbare Erinnerung. Es war ein warmer Sommer und sie hatten einen Ausflug unternommen, liefen am Wannsee entlang und blieben, so oft es möglich war, stehen, um sich zu küssen. Dann begann dieser Regen, den Georg wohl nie vergessen wird. Wie eine Dusche kam er über die Männer. Sofort roch es rundherum erdig. Ihre Hemden klebten an den Körpern, die Haare trieften. Sie rannten, um dem Regen zu entkommen, aber schon nach wenigen Schritten waren sie bis auf die Haut durchnässt und gaben ihren Fluchtversuch lachend auf. Unbeschwert, wie Kinder und verliebt, wie Teenager zogen sie die Schuhe aus und liefen langsam, bis sie die Havelchaussee erreichten und ins Auto steigen konnten. Sie lachten noch immer, obwohl sie klatschnass waren. Bruno hatte sich umgesehen und festgestellt, dass niemand sonst in der Nähe war. Er zog sich vollständig aus, beugte sich zu Georg herüber, küsste ihn und sie liebten sich. Immer wird der Geruch des Regens diese wunderschöne Erinnerung in Georg wecken.

Wehmütig schließt Georg das Fenster und zieht den Vorhang wieder blickdicht zu. Er vermisst diese Leidenschaft so sehr.

Ruckartig wendet er sich herum. »Bruno! Hast du mich erschreckt.«

»Das wollte ich nicht, tut mir leid.« Bruno wirkt nüchterner nach dem Duschbad. Er deutet auf die Couch. »Ich muss mit dir reden, Georg.«

Georgs Herz rast. Wenn Bruno so förmlich wird, liegt etwas im Busch. Georg bekommt kein Wort heraus und nimmt Platz. Bruno setzt sich über Eck auf den Sessel. Sein Mund ist zu einem schmalen Strich zusammengepresst. »Ich habe etwas Dummes getan«, flüstert er.

Georg sitzt mit geradem Rücken, legt seine Hand auf Brunos. »Ist etwas auf der Arbeit passiert? Du kannst es mir erzählen, ich verspreche, dass ich alles für mich behalten werde.«

Bruno verneint stumm nickend. Als er Georg ansieht, sind seine Augen tränen gefüllt. »Es tut mir so unendlich leid, Georg. Ich weiß nicht, wie ich das wieder gutmachen kann.«

Georg zieht seine Hand zurück. Brunos Andeutung durchfährt ihn schmerzhaft. »Nein!« Er erhebt sich, geht umher. Tränen rinnen über seine Wangen. Dann schnellt er auf Bruno zu, packt dessen Schultern und schüttelt ihn. »Sage mir, dass du nicht fremdgegangen bist! Sage es!«

Bruno will Georg umarmen, doch Georg wehrt ihn ab und weicht zurück. »Warum, Bruno? Warum? Wie konnte das passieren?«

»Ich war betrunken ...«

»Ach so! Na dann ist es ja halb so schlimm«, keift Georg und wendet sich herzzerreißend weinend ab. Bruno nähert sich ihm vorsichtig und legt seine Hände an Georgs Schultern. Georg wehrt ab. Bruno schlingt seine Arme vollständig um ihn und drückt sich gefühlvoll gegen ihn. Abermals windet sich Georg aus Brunos Berührung. »Kenne ich ihn?« Georgs Stimme ist ruhig und nicht mehr so zittrig. Bruno ist alarmiert.

»Nein. Nicht einmal ich kenne ihn.«

Ein verzweifelter Seufzer entfährt Georg.

Bruno fühlt sich erbärmlich. Er muss Georg alles erzählen, dieses Recht steht ihm zu. »Nach der Arbeit ging es mir nicht gut. Ich hatte nichts als Sorgen und wollte einen Feierabenddrink nehmen, um runterzukommen.«

»Hör auf, Bruno. Bitte.« Georgs Stimme ist weiterhin ruhig. Er weint nicht mehr, steht da, wie versteinert. »Ich werde dir das nie verzeihen können«, sagt Georg monoton. »Ich trenne mich von dir.«

»Georg bitte. Es hatte doch nichts zu bedeuten ...«

Georg geht wortlos ins Schlafzimmer, zieht einen Koffer vom Kleiderschrank herunter und beginnt, Kleidungsstücke hinein zu sortieren.

»Georg tue das nicht. Wir werden das überwinden.«

Georg reagiert nicht auf Brunos Flehen und packt weiter seinen Koffer. »Hast du mich verstanden, Georg?« Bruno stellt sich vor Georg und küsst ihn. Georg bleibt wie versteinert und sieht Bruno ungerührt an. Als Bruno das bemerkt, weicht er im Zeitlupentempo zurück.

Er weiß, er hat alles kaputtgemacht.

Georg zieht die Wohnungstür leise hinter sich zu.

Er hat nicht einmal mehr zurückgeschaut.

* * *

Die vergangene Nacht war für Bruno die Hölle. Ihm war kotzübel, er hatte brennenden Durst und Georgs Bett blieb leer. Er weinte ständig vor Verbitterung, weil Georg ihn verlassen hatte und vor Scham darüber, dass er fremdgegangen ist. Sein eigener Anblick im Rasierspiegel widert ihn an, aber er kann die Zeit nicht zurückdrehen. Mit vor Müdigkeit brennenden Augen verlässt er das Haus, steigt in den Dienstwagen und fährt los. Er wird Hölzer zu Hause abholen, so hatten die beiden es verabredet.

Bruno steht überpünktlich vor Hölzers Tür, will den

Motor abstellen, da tritt sein Chef auch schon aus dem Haus. Er wirkt bedeutend frischer als gestern Abend. Bruno ist erleichtert, dann war das gestern doch nur eine normale Erschöpfung. Hölzer öffnet die Wagentür kraftvoll und schwingt sich auf den Beifahrersitz. »Hast du gestern Abend Elisabeths Eltern informiert, dass ihre Tochter tot ist?«

Ein *guten Morgen* wäre nett gewesen. Die Hauptsache ist, dass es seinem Chef offensichtlich wieder besser geht. »Klar.«

»Gut. Fahre uns dort hin. Ich will genau wissen, mit wem Elisabeth in letzter Zeit Umgang hatte und ob den Eltern eine Veränderung an dem Mädchen aufgefallen ist.«

Kriminalhauptkommissar Ewald Hölzers Energieschub gefällt Bruno. Einerseits jedenfalls. Andererseits jedoch ist es für ihn ein völlig neues Gefühl, wenn sein Chef ununterbrochen redet und er, Bruno, der Zuhörer ist. Die zwanzigminütige Fahrt zur Wohnung der Kulskes vergeht dadurch jedenfalls wie im Flug. Bruno stellt den Motor aus, Hölzer hievt sich stante pede aus dem VW Käfer. Bruno muss durchatmen, die Auswirkungen des gestrigen Gelages machen ihm noch immer zu schaffen. Hölzer geht voran.

Es dauert lange, bis nach dem Klingeln hinter der Wohnungstür der Kulskes Schritte zu hören sind. Schwere und langsame Schritte, dann das laute Schnappen des Schlosses. Die Tür wird einen Spalt breit aufgezogen, in dem Spalt kommt das Gesicht von Elisabeths Mutter zum Vorschein. Sie erkennt Bruno scheinbar nicht und schaut fragend aus der dunklen Wohnung heraus.

»Guten Morgen Frau Kulske. Kriminalkommissar Bruno Renz, ich war gestern Abend bei Ihnen.«

»Ach ja.« Frau Kulske wirkt teilnahmslos, was Bruno nicht wundert.

»Das ist mein Chef, Kriminalhauptkommissar Ewald Hölzer. Dürfen wir reinkommen?«

Wortlos wendet sich Frau Kulske um und geht in ihre

Decke gehüllt zusammengekauert voran. Hölzer folgt ihr als Erster, Bruno danach und schließt die Wohnungstür. Sie führt die Männer in die Küche, setzt sich an den kleinen Tisch und zündet sich eine Zigarette an. Ihr gegenüber steht ein zweiter Stuhl, die Männer bleiben stehen, Hölzer kondoliert. »Frau Kulske, zunächst auch von meiner Seite mein Beileid.«

Sie saugt an ihrer Zigarette. Ihre Hand zittert, ihr Gesicht verzieht sich zu einer weinenden Maske.

»Ist Ihnen in letzter Zeit etwas verändert an Elisabeth vorgekommen?«

»Verändert?« Abermals saugt sie am Filter der Zigarette.

»Ist sie zum Beispiel später nach Hause gekommen, als sonst? Oder hat sie von neuen Bekannten erzählt? Hat sie ihr Äußeres verändert?«

Wortlos betritt Herr Kulske die Küche mit fragendem Blick.

»Guten Morgen Herr Kulske«, begrüßt Bruno den Mann, stellt auch ihm seinen Chef vor und erläutert den Besuch.

»Elisabeth war wie immer.«

Herr Kulske wirkt gefasster als seine Frau, zumindest äußerlich, das ist beiden Ermittlern klar. »Hatte sie einen festen Freund oder eine beste Freundin?«

»Einen festen Freund?«, fragt der Vater des Mädchens aggressiv zurück. Hölzer registriert die Reizbarkeit. Ist das vielleicht ein Anhaltspunkt? Elisabeth wäre nicht die Erste, die zu Hause auf Probleme stieß. Hölzer macht eine beruhigende Geste. »Sie werden auch wollen, dass dieses Verbrechen aufgeklärt wird?«

»Natürlich. Aber ich werde meine Tochter nicht durch den Dreck ziehen lassen.«

»Das werden wir nicht tun. Versprochen. Wir müssen so viele Details wie möglich erfahren, um ein Bild von Elisabeths letzten Stunden rekonstruieren zu können. Es geht dabei um Kleinigkeiten, die Ihnen zunächst womöglich unbedeutend erscheinen. Alles kann eine Spur sein.« Hölzer lässt dem Vater eine Verschnaufpause. »Hatte Elisabeth einen Freund?«

»Nein.«

Hölzers Blick wandert unauffällig zur Mutter. Er würde an ihrem Gesichtsausdruck ablesen können, ob sie zu dem Thema mehr weiß. Aber da ist nichts als Leere. »Wer waren Elisabeths Freunde?«

Herr Kulske zählt Namen auf, die Bruno notiert. Frau Kulske fügt noch zwei weitere Mädchennamen hinzu. »Elisabeth ging noch zur Schule oder war sie schon in einer Lehre?«

»Sie macht ...«, Herr Kulske schluckt, »hätte in vier Wochen die Schule beendet und eine Lehre als Friseurin begonnen.«

»Verstehe. War sie gut in der Schule?«

Frau Kulske richtet sich sitzend auf. »Sie gehörte zu den Besten.« Der Stolz ist dieser Mutter anzusehen. Bruno schluckt schwer.

»Was nutzt so was schon?« Herr Kulske macht eine wischende Handbewegung. »Man wollte ihr in der Schule den Floh ins Ohr setzen, das Abitur zu machen und zu studieren. Sie sollte lieber arbeiten gehen und Geld verdienen.«

Frau Kulske drückt ihre Kippe in dem überfüllten Aschenbecher aus und rennt weinend aus der Küche. Herr Kulske bleibt mit hängenden Mundwinkeln stehen. »Es gab Streit deswegen. Dieser Teichert hat einfach keine Ruhe gegeben. Einmal war er sogar hier und hat mich bequatschen wollen.«

»Teichert?«, unterbricht Hölzer Elisabeths Vater.

»Ja, ihr Sportlehrer.«

Hölzer kann seine Aufregung nur mit Mühe zurückhalten. »Ist Ihre Tochter an der Mittelschule in der Jonasstraße zur Schule gegangen?«

»Ja.« Kulske ballt die Fäuste und plustert sich auf.

»Moment mal. Wie kommen Sie darauf, gerade, als ich den Namen von diesem Teichert nannte? Hat der Kerl etwas damit zu tun?«

»Beruhigen Sie sich bitte, Herr Kulske«, schreitet Bruno ein. »Das sind alles Routinefragen. Es besteht also kein Grund ...«

»Blödsinn! Ich bin doch nicht bescheuert. Dieser schmierige Teichert kam mir gleich komisch vor. War der es? Hat der meine Kleine auf dem Gewissen?«

»Schluss damit!«, brüllt Hölzer. »Sie reimen sich da etwas zusammen, Herr Kulske. Ich fordere Sie auf, das zu unterlassen. Haben Sie das verstanden?«

»Ich kann eins und eins zusammenzählen, Herr Kommissar.« Kulskes Blick ist hasserfüllt. »Und wenn dieses Schwein auch nur das Geringste mit meiner Elisabeth angestellt hat ...« Kulskes Fäuste sind noch immer geballt. Die Knöchel schimmern blutleer.

»Noch mal klar und deutlich: Es gibt keine Beweise, dass Herr Teichert etwas damit zu tun hat! Sie werden diesen Mann also weder belästigen noch bedrohen oder noch Schlimmeres antun. Haben Sie das registriert?«

Kulskes Fäuste öffnen sich, sein Gesichtsausdruck wird eisig. »Selbstverständlich, Herr Kommissar.«

»Gut. Wir gehen dann jetzt. Nehmen Sie meine Aufforderung ernst, das kann ich Ihnen nur ans Herz legen.«

»Das ist nicht gut«, brabbelt Hölzer beunruhigt, als er die Wagentür zuzieht.

Bruno dreht den Zündschlüssel. »Das wird Ärger geben. Ich traue Herrn Kulske in seiner Verfassung alles zu.«

»Fahr zu Teichert, Bruno. Wir nehmen ihn mit aufs Revier, dann ist er aus der Schusslinie. Außerdem will ich gegen ihn einen Haftbefehl haben. Dass sein Name bei einem zweiten Mädchenmord auftaucht, kann kein Zufall sein. Für mich war der Kerl von Anfang an verdächtig. Jetzt kriegen wir ihn.«

»Ich halte das für falsch, Chef. Teichert ist nicht unser Mann.«

»Was soll der Unfug, Bruno? Brigitte Sutter war seine Schülerin und Elisabeth Kulske war seine Schülerin. Welche Beweise willst du denn noch?«

»Das sind doch keine Beweise. Das sind allenfalls Indizien. Teichert ist nicht der Typ, der Mädchen umbringt und vergewaltigt.«

Hölzer schüttelt erbost den Kopf. »Ich werde diesen Perversen auf keinen Fall unbehelligt lassen, weil du der Meinung bist, dass er nicht *der Typ* für so etwas ist.«

»Was, wenn ich recht behalte? Sollen wir wirklich das Leben eines Menschen ruinieren, aufgrund von vagen Einschätzungen und Wutgefühlen?«

»Was redest du da nur für einen Unsinn, Bruno? Unsere Aufgabe ist es, die Allgemeinheit vor einem Mörder zu schützen. Ich kann beim besten Willen nicht erkennen, wie wir das anstellen sollten, ohne Verdachte zu äußern und Verdächtige mit aufs Revier zu nehmen, um sie zu verhören.«

Hölzer atmet schwer. Bruno bleibt hartnäckig. »Wir haben ihn eben schon vor Kulske an den Pranger gestellt. Wenn wir ihn jetzt offiziell wegsperren, ist das sein gesellschaftlicher Tod. Er wird nie wieder eine Anstellung als Lehrer finden. Und das, obwohl es nur vage Vermutungen gibt. Ist das wirklich der richtige Weg?« Auch Brunos Stimme ist lauter geworden.

»Wenn es dich beruhigt, werde ich einen Aktenvermerk verfassen, dass es aufgrund meiner Entscheidung gemacht wurde und dass du dagegen warst.«

Weder Hölzer noch Bruno sagen etwas. Nur das laute Rasseln des Motors im Heck ist zu hören. Mit einem kurzen

Seitenblick stellt Bruno fest, dass Hölzers Gesichtsfarbe wieder kalkweiß ist.

Als Bruno den Wagen vor der Schule einparkt, schlägt Hölzer in die Hände. »Ich bin auf das dämliche Gesicht dieser Direktorin gespannt. Mal sehen, was sie dazu zu sagen hat, dass die zweite ihrer Schülerinnen Opfer desselben Täters geworden ist.« Hölzer stürmt voran.

Ohne anzuklopfen, öffnet er die Tür zum Büro der Direktorin. »So sieht man sich wieder, Frau Direktorin Meder!« Bruno bleibt hinter Hölzer, ihm ist der Auftritt peinlich.

Karla Meder bleibt reglos in ihrem Bürostuhl sitzen. Hölzer schlägt beide Hände auf den Schreibtisch der Direktorin und stemmt sich mit durchgestreckten Armen darauf. Er fixiert sie mit seinem wütenden Blick. »Ich sage nur: Elisabeth Kulske. Bravo, Frau Direktorin. Verweigern Sie nun immer noch die Mitarbeit? Ist Ihnen Ihre Karriere immer noch wichtiger als das Leben Ihrer Schülerinnen?«

Frau Meders' Miene bleibt reglos. »Ich weiß nicht, was ich sagen soll ...«

»Vielleicht fällt Ihrem geschätzten Herrn Teichert ja dazu etwas ein. Beordern Sie ihn her, oder ich hole ihn aus dem Klassenzimmer.«

»Er ist heute früher nach Hause gegangen.«

»Wie bitte?«, blafft Hölzer die Direktorin an und stellt sich wieder aufrecht hin. Er wirft Bruno einen Blick zu. »Los, wir fahren zu ihm nach Hause.«

»Gib Gas, Bruno. Es würde mich nicht wundern, wenn der Kerl sich aus dem Staub macht.«

Da Ewald Hölzers Finger zittern und er eingefallene Augen hat, widerspricht Bruno nicht. Außerdem ist auch Bruno die Tatsache, dass Teichert vorzeitig nach Hause gegangen ist, suspekt. Er mag sich gar nicht weiter ausmalen, wie es weitergeht, wenn sein Chef recht behält.

Hölzer klingelt an Teicherts Tür, schaut kurz zu Bruno. »Heute übernehme ich das Gespräch.«

Teichert öffnet die Tür ein Stück weit und blinzelt durch den Spalt. Er sieht lädiert aus, sein linkes Auge ist von einem dunkelblauen Bluterguss umringt. »Wir müssen mit Ihnen reden!«, kommandiert Hölzer und schiebt sich an dem Lehrer vorbei in dessen Wohnung. Bruno hebt mit entschuldigender Geste die Schultern. Teichert folgt Hölzer, Bruno schließt als Letzter die Wohnungstür. Hölzer steht im Wohnzimmer und lässt berufsmäßig seinen Blick schweifen. An der Wand, die auf das Fenster zuläuft, steht ein Schreibtisch, darauf verteilt liegen Unterlagen und Fotos. Hölzer würde am liebsten hier alles auf den Kopf stellen, auch ohne Durchsuchungsbeschluss. »Warum haben Sie heute früher die Schule verlassen?«

Teichert entfährt ein glucksendes Lachen. »Das ist jetzt nicht wahr, oder? Sie erscheinen hier zu zweit, weil ich nicht in der Schule bin?« Teichert schüttelt verständnislos den Kopf. »Unfassbar.«

Bruno springt ein. »Herr Teichert, wir haben ein zweites Mordopfer. Auch zu dem müssen wir Ihnen Fragen stellen.« Teichert wird leichenblass und setzt sich.

»Elisabeth Kulske, ich weiß.«

Hölzer schleicht unbemerkt zu dem Schreibtisch, während Bruno den Lehrer weiter befragt.

»Wie haben Sie davon erfahren, Herr Teichert?«

»Von Frau Meder, unserer Direktorin. Elisabeths Vater war bei ihr und hat ein riesiges Theater veranstaltet.«

Bruno deutet auf Teicherts Veilchen. »War Herr Kulske das?«

Teichert senkt seinen Blick und knetet nervös seine Hände. »Er hat vor der Direktorin den Vorwurf ausgesprochen, dass ich ...« Teichert bricht in Tränen aus. »Es ist so furchtbar. Sie hätten sehen sollen, wie Frau Meder mich angesehen hat.« Teichert springt auf. »Ich bin erledigt, verstehen Sie? Elisabeths Vater wird dafür sorgen, dass die ganze Welt mich als den Mörder seiner Tochter sieht.«

Hölzer kommt auf Teichert zu und hält ihm Fotos, die er auf dem Schreibtisch gefunden hat, entgegen. »Vielleicht hat Herr Kulske ja sogar recht damit.«

Zögerlich nimmt Teichert die Fotos entgegen. Als Bruno einen Blick darauf werfen kann, glaubt er, einem Albtraum beizuwohnen.

»Ich wollte die Kinder an das Hobby des Fotografierens heranführen. Verstehen Sie doch ...«

»Ich verstehe im Moment nur eines, Herr Teichert: Sie sind vorläufig festgenommen. Sie werden dringend verdächtigt, Elisabeth Kulske ermordet zu haben.« Hölzer ergreift einen Arm Teicherts, doch der reißt sich los und brüllt. »Sie verstehen das völlig falsch! Ich habe nichts verbrochen.«

Hölzer setzt gekonnt nach, verdreht Teichert die Arme grob auf den Rücken. Bruno eilt zu Hilfe und legt dem Lehrer Handschellen an. Teichert bietet augenblicklich keine Gegenwehr mehr und lässt sich widerstandslos aus der Wohnung führen. Hölzer klappt den Beifahrersitz nach vorn und schiebt Teichert auf die Rückbank. Dann wirft er sich auf den Beifahrersitz. »Wir haben ihn, Bruno. Auf zum Revier.«

Bruno teilt Hölzers Freude nicht. Zwar ist die Sache mit den Kinderbildern äußerst merkwürdig. Aber Bruno weiß etwas, das sonst niemandem bekannt ist. Nämlich, dass Teichert homosexuell ist. Auf den Bildern waren aber zumeist Mädchen zu sehen.

Es ist eine furchtbare Situation, aus der Bruno im Moment keinen Ausweg weiß.

* * *

Innensenator Gräfe zupft sich die Krawatte zurecht und sonnt sich im Blitzlicht der Kameras. Hölzer beugt sich zu Bruno herüber.

»Ich habe ihm gesagt, dass es zu früh ist. Aber dieser Schleimscheißer kann es nicht abwarten, vor die Kameras zu treten.«

»Nichts, als ein erbärmlicher Schleimscheißer«, erwidert Bruno so ungewohnt trocken, wie er noch nie über den obersten Dienstherren geredet hat.

»He, du lernst dazu. Bravo. Aus dir kann noch was werden.«

Hölzer und Bruno lachen leise.

»Wir machen die Arbeit und den Ruhm streicht der Innensenator ein.«

»Ganz genau, Bürschchen. Du hättest ja Politiker werden können.«

»Manchmal denke ich, dass es besser gewesen wäre.«

Hölzer sieht Bruno mit hochgezogener Augenbraue an. »Dann wären wir aber keine Freunde, das kann ich dir versprechen. Ich kann nämlich Schleimscheißer nicht ausstehen.«

Abermals lachen die beiden. Zum ersten Mal hat Hölzer seinen jungen Kollegen »Freund« genannt.

»Lass uns verschwinden«,sagt Hölzer und gibt Bruno einen Knuff in die Rippen. »Das Arschloch da vorn bekommt sowieso nicht mit, ob wir anwesend sind oder nicht.«

»Warum nicht.« Sie erheben sich und schleichen durch den nahen Ausgang.

»Also ich brauche jetzt erst mal einen Schnaps. Wie sieht es mit dir aus, Bruno?«

Bruno sollte sich eigentlich erst einmal um seine verkorkste Beziehung zu seinem Lebenspartner Georg kümmern. Georg ist sang- und klanglos aus der gemeinsamen Wohnung verschwunden und hat seither nichts von sich hören lassen. Bei dem Gedanken daran, dass es vorbei sein soll, könnte Bruno heulen.

»Was ist? N´ kleines Gedeck bei Maria?«, fragt Hölzer unvermittelt.

Bruno nickt entschlossen. »N´kleines Gedeck bei Maria!«

KAPITEL ZWÖLF

Feierabend. Für heute habe ich die Schnauze gestrichen voll. Obwohl Kulske das Arschloch nicht auf der Arbeit war (warum wohl, haha), ist alles scheiße. Anstatt Kulske hatte mich so ein neues Arschloch auf dem Kieker. Am liebsten würde ich alles hinschmeißen. Mit meiner Wut im Bauch verlasse ich die Charité und mache mich auf den Heimweg. Heute nehme ich nicht die Straßenbahn, sondern gehe zu Fuß. Das bedeutet zwar, dass ich später zu Hause eintreffe. Aber was erwartet mich dort schon? Mein besoffener Alter, der eine Scheißlaune hat. Aber auch das ist mir heute egal. Wer bin ich denn, dass ich von allen Menschen herumgeschubst werde? Die Antwort kann ich mir selbst geben: Ich bin sechsundzwanzig Jahre alt und lebe noch bei meinem versoffenen Vater! Andere Männer in dem Alter haben eine Arbeit, eine Wohnung und eine Frau, die auf sie wartet.

Wutentbrannt schlage ich mit der Faust gegen eine Plakatwand, auf der eine Zigarettenwerbung angebracht ist. Ich hasse mein Leben.

Plötzlich höre ich das Klackern von Hackenschuhen.

Nicht weit entfernt. Ich bin gespannt, wer die leckeren Geräusche verursacht. Ein junges Mädchen vielleicht? Ich flitze zur Gebäudeecke und spähe herum. Ja! Sie trägt offenes Haar, ein helles Kleid, das knielang ist und einen weiten Ausschnitt hat. Und schwarze Hackenschuhe, die diese erregenden Geräusche verursachen. Bei jedem Schritt zeichnet sich durch den dünnen Stoff ihres Kleides hindurch das wabbelnde Fleisch ihrer Arschbacken ab. Bei dem Anblick bekomme ich sofort einen Steifen und Appetit auf Kochfleisch. Ich pirsche ihr hinterher. Als ich näher dran bin, erkenne ich, dass sie rötliche Haare hat. Ich hasse rote Haare. Verdammt, heute ist wirklich nicht mein Tag. Aber ich überlege hin und her, ob ich sie dennoch ficken und ausweiden sollte. Besser, als nichts.

Abrupt bleibt sie stehen und wendet sich zu mir um. Beinahe entfährt mir ein Schreckenslaut.

»Was willst du von mir?«, fragt sie aggressiv.

O nein, was für eine hässliche Fratze und was für ein vorlautes Weib. Nie im Leben könnte ich die ficken.

»Ich habe dich was gefragt, Arschloch.«

Die ordinäre Rothaarige kommt klackernd auf mich zu. Sie wirkt dabei, als wäre sie ein Catcher. Widerlich. Ich mache Schritte rückwärts.

»Du feige Sau!«, brüllt dieses Marktweib. Sie macht mir Angst. Ich weiche zurück. Aber je mehr Schritte ich rückwärts gehe, desto schneller folgt sie mir und wird dabei immer ordinärer und immer lauter. Kurz denke ich daran, sie am Hals zu packen und zu erwürgen. Als sie jedoch so nahe ist, dass ich die Eiterpickel in ihrem Gesicht und an ihrem Hals erkennen kann, wende ich mich endgültig um und fliehe wie von Sinnen. Wenn diese Frau mich berühren würde, müsste ich kotzen. Sie brüllt mir noch unschöne Beschimpfungen hinterher, aber nach wenigen Augenblicken bin ich ihr entkommen. Um Himmels willen, wenn ich dieses hässliche

Weib von hinten gewürgt hätte, bevor ich wusste, wie hässlich sie ist ... nicht auszudenken.

Nun steige ich doch lieber in die Straßenbahn und bin umso schneller daheim. Treppauf schaudert es mich schon davor, den Alten sehen zu müssen. Hass steigt in mir auf. Ungewöhnlich starker Hass, den ich bisher nicht an mir kenne, der mir aber behagt. In der Wohnung gehe ich zu meinem Zimmer, ohne auf meinen Vater zu achten. Er labert etwas, ich ignoriere es. Ich hasse es, in dieser Bude gefangen zu sein. Ich hätte die Pickelige doch durchficken sollen. Nach dem Ficken geht es mir immer besser.

»Mach gefälligst was zu fressen, du nichtsnutziger Penner!«

Mein Vater lehnt in der Tür. Ich schaue zu ihm. Er wankt so sehr, dass ich denke, er fällt jeden Augenblick von allein um. Hoffentlich fällt er dabei nach hinten und liegt nicht in meinem Türdurchgang.

»Hast du gehört?« Seine Aussprache ist kaum verständlich. Heute ist er noch besoffener als sonst. Plötzlich macht er große Schritte auf mich zu und ergreift meinen Hals mit den Fingern beider Hände und drückt zu, dass ich kaum atmen kann. »Lass los«, presse ich hervor. Doch der Alte denkt nicht daran. Sein Blick wirkt irrsinnig – erst recht sein Glasauge und sein Griff wird immer fester. Ich will noch einmal rufen, dass er loslässt, bekomme aber nur ein Krächzen heraus. Ich packe seine Unterarme, um sie von mir fort zu drücken. So hat er mich noch nie gewürgt, mir wird schwindelig. Der Alte wird mich umbringen. Mit letzter Kraft versetze ich ihm einen Faustschlag auf die Brust. Augenblicklich lösen sich seine Schraubstockfinger, er taumelt einen Schritt rückwärts und japst nach Luft. Ich kann endlich wieder atmen, stürze mich auf ihn und umklammere nun meinerseits seinen Hals. Seine blutunterlaufenen Augen starren mich an. Es ist ein flehender Blick. Er tut mir plötzlich leid. Ich nehme meine

Finger von seinem Hals, erhebe mich und weiche einen Schritt zurück. Der Alte setzt sich auf und umfasst seinen Hals röchelnd. Dann erhebt er sich. Ich ahne, was er vorhat, gehe einen Schritt beiseite, sodass sein Überraschungsangriff darin endet, dass er gegen die Wand knallt. Mit beiden Händen stützt das besoffene Schwein sich an der Wand ab, er wirkt benommen. Der Hass in mir sprudelt über, ich trete von hinten an ihn heran, schlage ihm mit beiden Fäusten in die Rippen. Er wimmert, ich schlage weiter, wie von Sinnen. Bis meine Kraft nachlässt, prügele ich auf ihn ein. Selbst, als er am Boden liegt und sich wimmernd auf den Rücken wälzt, prügele ich weiter, schlage ihm in die Fresse. Viele meiner Schläge landen auf seinen Unterarmen, die er schützend vor sich hält. Aber eine ganze Menge Treffer erziele ich trotzdem. Jeder Einzelne ist eine Wohltat. Batz! Wieder getroffen. Batz, noch mal sein Auge. Bamm – bamm – bamm.

Schließlich hängt er schlaff unter mir und reagiert nicht mehr. Ich stehe auf und betrachte ihn von oben herab. Seine Fresse ist schön zermatscht und blutüberströmt. Ich kann gar nicht beschreiben, wie wohl ich mich bei diesem Anblick fühle. Endlich hat die Drecksau bekommen, was er verdient.

»Du ranziges Schwein! Fasse mich nie wieder an, oder ich poliere dir deine Fresse so sehr, dass du dich nicht mehr davon erholst.« Ich trete meinem Vater in die Seite. Er stößt einen absurden Ton aus, der sich anhört, als würde ein Schwein quieken. »Drecksau! Drecksau! Drecksau!« – mit jedem Ruf trete ich ihm nochmals in seinen versoffenen Wanst.

Ich habe den Platz auf seinem Sessel in seinem Zimmer eingenommen und warte, dass er wieder aufwacht. Die Rollen haben sich vertauscht, alter Mann! Von heute an werde ich bestimmen, wo es langgeht. Natürlich habe ich meine persönliche Sammlung unter der Matratze hervorgeholt und bewahre sie in einer alten Aktentasche auf, die an den Sessel gelehnt steht, auf dem ich throne. Endlich öffnet er wieder die Augen und gafft mich Hilfe suchend an. Da kann er lange warten. Sobald er auch nur einen Mucks macht, der mir nicht passt, trete ich ihn wieder zusammen. Aber der Alte ist ein schlauer Fuchs. Er provoziert mich nicht, sondern gibt sich brav.

»Bitte, mein Junge, gib mir einen Schluck Wasser. Ich habe Durst.«

So unterwürfig ist er noch widerlicher, als wenn er mich schlagen würde. Meine Verachtung für den Kerl steigert sich. »Halts Maul«, brülle ich, deute einen Faustschlag an und genieße es, dass er zusammenzuckt. Verrecken soll er von mir aus, ich werde ihm bestimmt nichts zu trinken besorgen. Aber was fange ich mit ihm an? Der Rollentausch hat Lücken, denn der Alte wird keine Arbeit finden und er wird kein Fleisch nach Hause bringen. Es ist zum Verrücktwerden. Da habe ich den alten Drecksack endlich dort, wo ich ihn immer haben wollte, und dann stecke ich gleich wieder in der Klemme. Ich muss hier raus.

Ungeduldig springe ich auf, eile an dem bettelnden Alten vorbei, und bleibe kurz hinter ihm stehen und deute auf das kleine Zimmer, das bis heute meines war. »Wenn ich wieder zurück bin, hast du dich in das Loch verkrochen und gibst Ruhe. Das große Zimmer ist ab heute meins. Klar?« Ich hole zu einem Schlag aus, er zuckt zusammen. Herrlich.

Noch nie bin ich so ziellos durch die Straßen Berlins gelaufen, wie an diesem Tag. Meine Gedanken schwirren durcheinander. Heute, am 27.07.1959, hat sich das Blatt gewendet. Ich habe das große Zimmer bezogen und mein Vater kann von nun an in der Kammer hausen. Ich vergrabe meine Hände in den Hosentaschen und kicke einen kleinen Stein vor mir her. Seit Stunden habe ich kein Mädchen gesehen, das interessant wäre. Ich breche deshalb meine Jagd ab. Ich werde morgen mein Glück versuchen. Heute war ein ereignisreicher Tag und ich bin müde.

* * *

Ich glaube, ich habe noch nie so gut geschlafen, wie in der letzten Nacht. Deshalb liege ich noch eine Weile in meinem neuen Bett im neuen Zimmer und starre an die Decke. Am liebsten würde ich den ganzen Tag so liegen bleiben, dennoch stehe ich auf, denn meine Arbeit in der Charité will ich auf keinen Fall verlieren. Auf dem Weg zur Küche lausche ich, aber von meinem Vater ist kein Geräusch zu hören. Das ist perfekt. Ich nehme das restliche Fleisch des gestrigen Mittagessens aus dem Kühlschrank, belege eine Schnitte damit und verpacke sie in einer Brotdose.

In der Straßenbahn sitze ich heute nicht ganz hinten, um den Blicken der Leute zu entgehen, sondern fläze mich mit erhobenem Haupt vorn hin. Ich habe meinen Alten verdrängt, jeder soll sehen, wie stolz ich darauf bin. Immer wieder beobachte ich unauffällig die anderen Leute, um zu prüfen, ob man mir meine Selbstachtung ansieht. Aber niemand beachtet mich.

Beinahe hätte ich die Station Invalidenstraße verpasst und haste im letzten Augenblick aus der Straßenbahn. Ein Zeitungsjunge kommt mir brüllend entgegen, ich hasse schreiende Zeitungsverkäufer. Als ich verstehe, was der Junge herausposaunt, bleibe ich wie erstarrt stehen.

»Extrablatt – Mädchenmörder gefasst – Extrablatt.«

Im ersten Augenblick denke ich an meine Morde. Aber da ich ja noch frei herumlaufe, muss es sich um jemand anderen handeln, der ebenfalls Mädchen umbringt. Ha! Da ist wohl noch jemand auf den Geschmack gekommen? Elektrisiert krame ich meine letzten Groschen zusammen und kaufe ein

Zeitungsexemplar. Mehrfach überfliege ich die Zeilen. Den Mädchen wurden Teile aus den Körpern geschnitten und alle anderen Details kommen mir auch bekannt vor. Als ich die Namen Gabi F., Brigitte S. und Elisabeth T. lese, wird mir klar, was hier vor sich geht: Diese Idioten von der Polizei haben den Falschen eingebuchtet. Haha, ich lache mich krumm. Da sitzt irgendein Blödmann für mich im Knast. Mann, was habe ich für eine Glückssträhne.

Ich knülle die Zeitung zusammen und werfe sie auf die Straße. Vielleicht ist es ja gar kein Glück, denn so viel Glück kann es nicht geben. Erst der Sieg über meinen Vater, dann diese Sache ... Meine Zeit ist gekommen, weil ich verdammt noch mal gut bin. Niemand wird mich mehr behandeln, wie ein Stück Scheiße!

KAPITEL DREIZEHN

Bruno und Hölzer sitzen seit einer Stunde in der Eckkneipe zur Wissmannstraße bei Maria und lassen sich frustriert und wortkarg volllaufen. Hölzer, weil er dazu keinen weiteren besonderen Anlass mehr in seinem Leben braucht. Und Bruno, weil Georg ihn verlassen hat, weil ihm seine Arbeit gegen den Strich geht, weil Innensenator Gräfe ein ausgemachtes Arschloch ist, außerdem, weil die Gesamtsituation beschissen ist.

»Manchmal möchte ich alles hinschmeißen«, lallt Bruno plötzlich. Hölzer kippt seinen Schnaps auf ex und nimmt sofort einen Schluck aus dem Bierglas. Er sagt nichts dazu. Das hat Bruno auch nicht erwartet. Dazu kennen die beiden sich schon zu gut. Maria stellt unaufgefordert die nächste Runde auf den Tisch und setzt sich dazu. Sie hat für sich selbst ebenfalls ein kleines Gedeck mitgebracht. »Die Runde geht auf mich, prost.«

»Prost«, sagen Bruno und Hölzer beinahe zeitgleich. Alle drei kippen die Schnäpse und setzen die Biergläser an. Heute ist erstaunlich wenig los in Marias Kneipe. Vorm Tresen sitzt ein jüngerer Mann und starrt über seinen Glasrand hinweg in das Flaschenregal. Vor den Spielautomaten sitzt ein weiterer Mann auf einem Barhocker und drückt konzentriert die Knöpfe.

»Ihr müsstet euch doch eigentlich freuen, dass ihr den Kerl erwischt habt.«

»Das tun wir ja auch«, knurrt Hölzer.

»Na dann möchte ich euch nicht erleben, wenn ihr schlechte Laune habt.« Maria ist die Einzige, die lacht. »Na ich freue mich jedenfalls, dass das Schwein im Knast sitzt. Drei Mädchen – wer weiß, wie viel es sonst noch geworden wären.«

Die Tür wird aufgestoßen, zwei Männer und zwei Frauen betreten gut gelaunt und lachend die Kneipe. Maria erhebt sich, um hinter den Tresen zu gehen. Bruno beugt sich zu Hölzer. »Sie könnten sich doch eigentlich wirklich freuen.«

Hölzer winkt desinteressiert ab. »Für meinen Geschmack hätte Senator Gräfe sich nicht so früh festlegen sollen.«

Bruno lehnt sich zurück. »Das verstehe ich nicht. Sie haben doch alles daran gesetzt, dass Teichert weggesperrt wird. Warum sollte der Senator das nicht herausposaunen?«

Hölzer hat Brunos sarkastischen Unterton sehr wohl registriert. Kurz überlegt er, ob er sich auf diese Diskussion einlassen soll. »Das hat damit nichts zu tun, Bruno. Ich bin nach wie vor der Meinung, dass es richtig war, Teichert zu inhaftieren. Aber ich hätte das Ganze nicht so schnell an die große Glocke gehängt und stattdessen erst einmal gründliche Recherchearbeit geleistet und Verhöre geführt. Bis wir ein Geständnis haben oder Fingerabdrücke.«

Bruno nippt an seinem Bier. Auf keinen Fall wird er jetzt klugscheißen. Genau das hatte er gemeint, als er Hölzer darum bat, langsamer vorzugehen. Aber Teichert musste ja unbedingt sofort eingelocht werden. Hat Hölzer etwa eingesehen, dass er mit Teichert den Falschen hat?

»Das Blatt kann sich immer noch wenden«, redet Hölzer

vor sich hin und dreht sein Schnapsglas mit den Fingern hin und her. »Ein neuer Entlastungszeuge kann zum Beispiel auftauchen oder ein Dutzend anderer Gründe können Teichert plötzlich entlasten. Es war zu früh, den Fall öffentlich als aufgeklärt darzustellen.«

* * *

»Chef?«

Hölzer wendet sich mitsamt Drehstuhl von der Wand hinter sich ab und schaut zu Bruno.

»Teichert sitzt seit vier Wochen in Untersuchungshaft. Wir haben weder Fingerabdrücke noch Fußspuren oder sonst was gefunden, was wir ihm zuordnen können.«

»Ich weiß. Aber seit er sitzt, wurde kein neuer Mädchenmord verübt und es wurde auch keine Belästigungen gemeldet. Er war es, Bruno!« Hölzer zählt mit den Fingern auf. »Brigitte und Elisabeth waren seine Schülerinnen. Diese eigenartigen Bilder von halbnackten Kindern in seinem Besitz. Er ist ledig, hatte aber jedes Mal Besuch von diesem anderen Lehrer im gleichen Alter, wenn wir da waren. Und nun die Tatsache, dass kein weiterer Mord geschehen ist, seit er weggesperrt ist.«

Bruno wiegt seinen Kopf. Innerlich kocht er vor Wut. Es war ja wieder klar: Ein unverheirateter Mann, der Besuch von einem anderen Mann bekommt, ist per se verdächtig. Doch Bruno kann dieses Thema jetzt nicht diskutieren. Wird es dafür überhaupt einmal einen geeigneten Zeitpunkt geben?

Im Grunde muss er Hölzers Logik zustimmen. Alles in seinem Inneren sträubt sich jedoch dagegen.

KAPITEL VIERZEHN

Alles ist wieder genauso beschissen, wie es schon immer war. Auf der Arbeit sind alle scheiße zu mir, auf der Straße spucken mich die dämlichsten Rotzlöffel an und die Weiber ignorieren mich. Und wenn mich mal eine ansieht, dann nur mit Verachtung. Wenigstens bewohne ich noch das große Zimmer und mein Vater haust in der Kammer. Und noch etwas hat sich geändert. Ich hätte es niemals für möglich gehalten, aber mein Vater und ich, wir kommen gut miteinander klar. Er hat mich seit diesem Tag nie wieder geschlagen. Im Gegenteil, er ist richtig nett geworden.

Wenn ich daran denke, ist mir zum Heulen zumute. Vorhin haben wir sogar eine Zeit lang nach dem Essen zusammen am Tisch gesessen. Er hat mich gefragt, wie meine Arbeit so ist. Ich wusste zuerst gar nicht, was ich antworten soll. Dann habe ich gedacht, *scheiß darauf*, und losgeplappert. Ich habe ihm erzählt, dass ich in den Häusern 5 und 6 dafür zuständig bin, Abfälle und Schmutzwäsche aus den Stationen der Klinik zu holen und zu den großen Behältern im Hof zu bringen. Das ist eine sehr wichtige Arbeit, denn wenn Müll nicht regelmäßig abgeholt wird, entstehen Krankheiten (so hat es mir Kulske einmal erklärt). Dass ich immer wieder in die Pathologie schleiche, habe ich ihm verschwiegen. Mein Vater hat mich nicht unterbrochen und hat auch keine abfälligen Bemerkungen gemacht, sondern gesagt *du bist fleißig, das gefällt mir*. Puh, das hat mir ganz schön die Kehle zugeschnürt und ich habe mich lieber schnell in meinem Zimmer verdrückt. Dort liege ich nun und weiß nicht, was ich denken soll. Warum muss das Leben auch so kompliziert sein?

Ich würde jetzt gern zurück zu meinem Vater gehen. Wir brauchten ja nur zusammen am Tisch sitzen und müssten nicht reden. Er raucht nicht mehr, er trinkt nicht mehr, er schlägt mich nicht mehr. Das gefällt mir. Denn so habe ich keine Bange mehr, dass er mir bei jeder Gelegenheit eine scheuert. Ich glaube, daran könnte ich mich gewöhnen.

Ein Geräusch schreckt mich auf. Es war wie der glucksende Laut eines Menschen, der erstickt (damit kenne ich mich aus). Lauschend erhebe ich mich, gehe den Flur entlang und bleibe im Korridor vor der Kammer meines Vaters stehen. Ein wenig tut er mir leid und ich denke kurz daran, ihm sein Zimmer zurückzugeben. Dann trete ich einen Schritt vor und schaue hinein. Schnell zucke ich zurück, das Letzte, was ich sehen will, ist mein nackter Vater. Er sitzt völlig unbekleidet in dem speckigen Sessel, in dem ich eine Million Mal zuvor gesessen habe. Ich will zurückschleichen, da fallen mir zwei Dinge auf: Erstens saß er total reglos da. Auch als ich in der Tür stand, bewegte er sich nicht. Und zweitens sind von drinnen her keinerlei Geräusche zu hören. »Vater?«, rufe ich und lausche, ob er antwortet. Doch es bleibt mucksmäuschenstill. Ich gehe hinein. Er reagiert nicht, sondern glotzt nur mit eigenartig aufgerissenen Augen (na ja, das Glasauge glotzt ja eigentlich immer blöd) vor sich hin. Ich zwinge mich, nicht seinen Schwanz anzustarren und konzentriere mich auf alles andere. Ich fasse seine Schulter an (ich glaube, ich habe meinen Vater noch nie zuvor berührt). Seine Unterarme ruhen auf den Sessellehnen. Die Finger seiner rechten Hand zucken unstet. Genauso wirkt sein Blick auf mich. Er sieht mich zwar an, aber so, als würde er durch mich hindurchsehen. Sein Mund hängt ungewöhnlich schief, ihm entströmt nun ein fremdartiges Stöhnen. Alles in allem wirkt er völlig bekloppt. Wahrscheinlich hat er sich beim Wichsen überanstrengt.

Das bereitet mir Angst. Ich flitze aus dem Zimmer, bleibe in der Küche vor dem verdreckten Waschbecken stehen, in dem sich Geschirr stapelt. In Gedanken beginne ich, wie von Sinnen abzuwaschen. Aber nur in Gedanken. Was sollen die Grimassen, die er gezogen hat? Will der mich jetzt verarschen? Da bin ich nett zu ihm und schon verscheißert der Alte mich? Wutentbrannt renne ich zurück, bleibe dicht vor ihm stehen und haue ihm eine runter. »Reiß dich gefälligst zusammen, du alter Drecksack!« Sein Kopf schlackert unter meinem Schlag, sein Blick bleibt leer. Der will mich provozieren! Abermals haue ich ihm eine rein. »Wenn du denkst, dass du mich provozieren kannst, hast du dich geirrt.« Ich durchschaue seinen Plan. Er will mich doch nur weichkochen und erreichen, dass ich sein Zimmer wieder freigebe. Ich habe die Schnauze voll für heute, gehe in mein Zimmer und lege mich aufs Bett.

Am nächsten Morgen schlage ich die Augen auf und blicke sofort auf den Wecker. Ich habe verschlafen. Im Eiltempo stehe ich auf, rase am Zimmer meines Vaters vorbei und will aus der Wohnung stürmen. Im Vorbeigehen werfe ich einen schnellen Blick in sein Zimmer. Er sitzt immer noch so da, wie gestern Abend, der alte Bock! Ich will den Gedanken wegwischen, denn ich bin wirklich spät dran, aber etwas zieht mich zurück. Ich stelle mich in seine Tür und sehe sofort, dass er tot ist. Sein Kopf liegt hinten auf der Lehne, das Kinn reckt er in die Höhe und der Mund ist weit geöffnet. Ich starre mit großen Augen auf seine blau angelaufenen Eier, die riesig angeschwollen sind. Mein Herzschlag hämmert bis in den Rachen. In Zeitlupe gehe ich näher heran. Seine aufgerissenen Augen starren an die Decke. Sein eigenes Auge ist trüb und milchig. Ich will es nicht einsehen, dass er verreckt ist. Gerade jetzt, als man es mit ihm aushalten konnte, krepiert der Alte.

Ich weiß nicht, wie lange ich so vor ihm stehe und ihn anstarre. Womöglich ist er gestorben, weil ich ihm lange kein Fleisch mitgebracht habe? Ich gehe zum Fenster, raufe mir die Haare und schaue auf die Straße. Dieser Gedanke will mich einfach nicht mehr loslassen. Ich begreife das alles nicht. Selbst wenn er abgekratzt ist, weil er kein Fleisch bekommen hat – so bin ich doch nicht verantwortlich für ihn. Er hat sich sein ganzes Leben lang nicht um uns Gören gekümmert, warum sollte ich mich also jetzt um ihn kümmern? Ich gehe im Zimmer auf und ab, stelle mich zurück vors Fenster und trabe anschließend wieder ratlos im Zimmer umher. Was soll ich jetzt bloß tun? Muss ich die Polizei rufen?

Plötzlich werden meine Knie weich und ich sacke auf den Boden. Vornübergebeugt lege ich meine Stirn auf die Unterarme und flenne, wie ein Kind. Minutenlang kauere ich so und höre nicht auf, zu heulen. »Wieso?«, frage ich immer wieder. »Wieso gerade jetzt?«, brülle ich. »Noch vor Kurzem wäre es mir scheißegal gewesen. Jetzt aber, da wir uns gerade gut verstanden haben ... Du hast dich nie um mich gekümmert – nie! Und kaum, dass du für mich zu existieren beginnst, kratzt du ab! Das ist doch ungerecht.« Ich trommele mit den Fäusten auf den Boden, solange, bis ich wieder zusammengekauert dahocke und flenne. Meine Tränen rinnen auf den Teppich. Der Geruch von Käsefüßen steigt mir vom

Boden her in die Nase. Ich erhebe mich abgekämpft, stelle mich aufrecht hin und sehe entschlossen zu meinem Vater. Ich werde mir das nicht nehmen lassen! Er bleibt hier und ich werde jeden Tag so oft mit ihm reden, wie ich will. »Wir brauchen Fleisch für dich, Vater. Ich besorge welches.«

KAPITEL FÜNFZEHN

Zuerst verlief dieser verregnete Dienstag im August genauso unaufgeregt, wie KHK Ewald Hölzer und sein Kollege KK Bruno Renz es erwartet hatten. Ein Tag, ohne besondere Vorkommnisse und mit der Aussicht auf einen frühen Feierabend. Nicht, dass die Kriminalkommissare nach der Arbeit etwas vorgehabt hätten. Bruno war von seinem Freund verlassen worden und Hölzer war seit dem Tod seiner Frau eiserner Junggeselle. Dennoch strebten sie, wie jeder Arbeitende, dem Feierabend entgegen.

»Das ist ein Desaster!« Innensenator Gräfe knallt die Tür zu Hölzers Glaskasten hinter sich zu, sodass Bruno befürchtet, sie würde bersten. Gräfe baut sich vor Hölzers Schreibtisch auf. »Joachim Teichert hat sich in seiner Zelle aufgehängt!«

Bruno springt auf, dabei prallt sein Stuhl grob gegen die Wand hinter ihm. »Was?«, brüllt er. Sein Blick huscht zu Hölzer. Der bläht die Nasenflügel auf und sein Brustkorb hebt und senkt sich vor Aufregung.

Gräfe droht Hölzer mit ausgestrecktem Finger. »Das ist ein klares Schuldeingeständnis dieses Perversen. Ich will nichts anderes mehr zu diesem Fall hören, verstanden? In der nächsten Woche wird darüber entschieden, ob ich das Ressort Wirtschaft übernehme. Mit diesem Armageddon hier kann sich dann mein Nachfolger herumplagen. Haben wir uns verstanden?« Gräfes Finger bedroht Hölzer noch immer. Hölzer selbst reagiert nicht darauf. Ungewöhnlich. Bruno würde seinem Chef gern zur Seite stehen, aber er wüsste nicht, wie.

Gräfe nimmt seinen Finger wieder aus der Luft und hebt sein Kinn. »Dilettanten. Nichts, als Dilettanten.« Dann zischt er aus dem Glaskasten heraus und lässt die Tür hinter sich offenstehen.

Bruno schließt die Tür, wendet sich dann Hölzer zu. »Wir sollten zum Gefängnis fahren und uns das ansehen.«

Hölzer erhebt sich mechanisch. »Ja.«

»Justizinspektor Hans Merker, guten Tag.«

»Angenehm, das ist mein Kollege Kriminalkommissar Bruno Renz, ich bin Kriminalhauptkommissar Ewald Hölzer. Wir haben telefoniert, es geht um den Selbstmord von Joachim Teichert.«

Der Justizbeamte, der Bruno und Hölzer empfängt, ist ein junger Kerl, an die zwei Meter groß und dünn wie eine Bohnenstange. Die mageren Zeiten sollten eigentlich vorbei sein, denkt sich Hölzer, der selbst miterleben musste, wie Hunger sich anfühlt. Hans Merker geht schweigend voran, öffnet und schließt Gittertüren, bis sie vor Zelle Nummer 046 im Erdgeschoss stehen. Merker wendet sich den Kriminalbeamten zu, Hölzer nickt bestätigend. Der Justizbeamte öffnet die schwere Holztür mit dem massiven Schlüssel. Abgestandener Geruch weht Hölzer entgegen, an den Gittern des Fensters ist noch der abgeschnittene Rest eines verknoteten Bettlakens befestigt.

»Brauchen Sie mich noch?«, fragt Merker.

»Ja, bitte bleiben Sie hier. Wir benötigen noch einige Informationen von Ihnen.«

»Informationen?«

Hölzer beantwortet die Frage des Justizbeamten nicht und geht hinein. Bruno, der die ganze Zeit über ungewöhnlich schweigsam ist, folgt ihm.

»Penibel ordentlich«, stellt Hölzer fest und tastet mit seinem Blick alles eingehend ab. Die Bettdecke und das Kissen sind glatt gezogen, wie in einem Hotel. Obwohl das Laken darunter fehlt. Ein kleiner quadratischer Holztisch steht gegenüber an der Wand, davor exakt ausgerichtet der einzige Stuhl. Das kleine Wandregal darüber ist leer. Hölzer geht zu dem Waschbecken und schaut genau hin. »Er hat sogar das Waschbecken geputzt, bevor er ...«

Bruno liegt eine bissige Bemerkung auf der Zunge, da aber der Justizbeamte zuhört, verkneift er sich das.

Hölzer winkt den Wärter herein. »Wer hat ihn aufgefunden?«

»Das war ich, Herr Kommissar. Ich habe die Frühstücksausgabe begleitet. Als ich die Tür geöffnet habe, dachte ich, mein Herz bleibt stehen. Er hat völlig schief und verrenkt in dem verknoteten Bettlaken gehangen. Ich habe sofort gesehen, dass er sich aufgebammelt hat. So schief wie sein Kopf hing und so starr, wie sein Blick war.«

»War es der erste Tote, den sie gesehen haben?«

»Ja.«

Hölzer bleibt reglos. »Sie werden sich im Laufe der Jahre noch daran gewöhnen.«

»Das haben meine älteren Kollegen auch schon gesagt.«

»Tja«, mischt Bruno sich ein. »Die älteren Kollegen und ihre Kommentare.«

Hölzer und der Justizbeamte sehen Bruno verwundert an. »Was haben Sie dann getan?«, fragt Hölzer.

»Ich bin rein zu ihm, habe meine Finger an seine Halsschlagader gelegt und seinen Puls gesucht. Aber da war nichts mehr. Er war tot, glauben Sie mir. Dann habe ich die Zelle wieder zugesperrt und Alarm ausgelöst. Na ja, und dann wurden Sie alarmiert.«

Bruno notiert in seinem Büchlein, während Hölzer den Justizbeamten weiter befragt.

»Hat man dem Inhaftierten anmerken können, dass er vorhatte, sich umzubringen?«

Der Justizbeamte zögert. Hölzer hat eindeutig ins Schwarze getroffen. Die Blicke beider Kommissare ruhen auf dem Schließer. Der knetet nervös seine Hände.

»Es kommt sowieso alles heraus. Also, was haben Sie beobachtet?«

Der Wärter reibt sich nervös mit der Hand den Nacken. »Die Mitgefangenen haben ihn schnell als Kifi entlarvt.«

Bruno blickt von seinem Notizbuch hoch. »Kifi?«

»Kinderficker«, wirft Hölzer belehrend ein und lässt dabei keinen Blick von dem Wärter ab. »Wie ging es dann weiter?«

»Dann kam heraus, dass er schwul war – Gott, was für eine erbärmliche Kreatur. Bestimmt ist es besser, dass er sich aufgebammelt hat.«

Bruno schnauft mit geschlossenen Augen.

»Gut. Danke Herr Merker. Das war alles fürs Erste.« Hölzer geht an dem Wärter vorbei und verlässt die Zelle. Was er im Weiteren zu bereden hat, gehört nicht in fremde Ohren. Er wird sich mit Bruno im Auto beraten.

Bruno schließt die Beifahrertür auf und prescht um den Wagen herum. Er sitzt noch vor Hölzer, der sich bewegt, wie eine Schnecke, im Wagen. Kaum, dass Hölzer Platz nimmt, wettert Bruno los. »Was für ein Idiot! Genau mit dieser Art von Gerede wurde Joachim Teichert in den Tod getrieben.«

Hölzer schweigt.

Bruno umklammert das Lenkrad, sodass die Sehnen

seiner Unterarme hervortreten. Er schaut zu Hölzer herüber. Der sitzt mit geschlossenen Augen da.

»Ist alles in Ordnung?«, fragt Bruno seinen Chef.

»Ja ja, schon gut.« Hölzer öffnet die Augen wieder. Er sieht aus, wie gerädert. »Lass uns zurück aufs Revier fahren.«

»Ich hätte einen besseren Vorschlag. Was halten Sie davon, wenn wir unsere Pause bei Maria abhalten? Heute stehen Buletten mit Kartoffelsalat auf der Karte.«

»Buletten? Gib Gas, Bruno.«

»Wie lange wohnen Sie eigentlich schon in der Wissmannstraße?« Nachdem die Kommissare in Marias Eckkneipe an ihrem Stammtisch Platz genommen haben, bemüht sich Bruno darum, Hölzers Laune mit einem Gespräch aufzubessern. Eigentlich macht Bruno seinem Chef insgeheim den Vorwurf, an Teicherts Selbstmord indirekt beteiligt zu sein. Aber Hölzer sieht heute wieder so mitgenommen aus, dass Bruno diese Anschuldigung lieber für sich behält.

»Zweiunddreißig Jahre«, brummt Bruno. »Vor zweiunddreißig Jahren bin ich mit Gerda hier eingezogen.«

Maria stellt zwei Gläser Bier und zwei Schnäpse auf den Tisch. »Für mich heute keinen Schnaps, Maria.« Hölzer schiebt sein Glas zurück. Maria scheint für einen Augenblick zögerlich zu überprüfen, ob ihr Stammgast Hölzer sie auf den Arm nimmt. Dann nimmt sie das Schnapsglas wieder auf ihr Tablett und geht zurück zum Tresen. Die erfahrene Wirtin weiß, wann sie etwas kommentieren sollte und wann nicht. Hölzer schaut ihr gedankenversunken hinterher, vielleicht schaut er aber auch ins Nichts.

»Ich glaube, Maria sah damals schon so aus, wie heute.« Hölzer hebt sein Bierglas. »Prost.«

»Prost«, erwidert Bruno. Dass Hölzer seine verstorbene

Frau Gerda erwähnt hat, bringt Bruno in Verlegenheit. Bisher war es immer so, dass Hölzer Gespräche über seine Gerda nach Möglichkeit vermied. Es kann jetzt also richtig oder falsch sein, weiter über sie zu reden. Bruno entschließt sich, vorsichtig auf ein anderes Thema zu lenken.

»Zweiunddreißig Jahre sind eine ganz schön lange Zeit.«

»Mhm.« Hölzer winkt ab, stellt sein Glas auf den Tisch und wischt sich den Schaum vom Mund. »Heute ist ja alles viel einfacher als damals. Du kannst dir gar nicht vorstellen, wie es früher zuging. Der Erste Weltkrieg war gerade ein Jahr lang vorbei, mein Vater war zwei Jahre zuvor gefallen und meine Mutter tat alles, um uns durchzukriegen. Eine Scheiß Zeit, kann ich dir sagen.« Hölzer dreht das Glas mit den Fingern und schaut versonnen darauf.

Maria kommt mit zwei Tellern in den Händen aus der Küche. Ihr Lächeln ist das, einer fürsorglichen Mutter. »Lasst es euch schmecken, Jungs.« Dampf schlängelt sich von den Tellern her in die Höhe und trägt den Duft nach gebratenen Zwiebeln und Fleisch mit sich. Bruno läuft das Wasser im Munde zusammen.

»Guten Appetit«, sagt Hölzer grinsend und nimmt sein Besteck zur Hand.

Brunos Plan ist dahingehend aufgegangen, dass Hölzers Gesicht bedeutend rosiger wirkt und er zudem wieder lächelt. Aber das ist nur ein Punktsieg, denn der alte Mann ernährt sich vollkommen falsch.

Hölzer schiebt seinen Teller von sich, wischt sich mit der Serviette den Mund ab und winkt Maria zum Tisch. »Nimmst du auch noch ein Pils?«, fragt er Bruno.

»Ja«, antwortet Bruno kauend. »Aber keinen Schnaps mehr.« Maria greift nach Hölzers leerem Teller. Bruno schiebt sich den letzten Bissen in den Mund und reicht Maria auch seinen Teller. Hölzer zieht den weißen Porzellan-Aschenbecher mit *Asbach Uralt* Werbeaufdruck zu sich und zündet sich eine seiner geliebten Overstolz an. Er dreht das zerkratzte silberne Benzinfeuerzeug in den Fingern und pustet den blauen Dunst über sich. »Dass sich Teichert umgebracht hat, geht auch an mir nicht spurlos vorbei, Bruno.« Abermals nimmt Hölzer einen Zug. »Nach wie vor bin ich der Meinung, dass wir den Richtigen eingesperrt haben. Vielleicht hat er dieses Ende ja sogar verdient.«

»Sie gehen zu weit, Chef. Wieder einmal.« In Brunos Worten schwingt unüberhörbare Empörung mit.

»Jetzt rege dich nicht gleich auf. Ich habe schließlich nicht gesagt, dass wir ihn aufhängen sollten. Mir ist durchaus bewusst, welche Vorteile es hat, wenn unabhängige Richter urteilen. Ich habe die andere Zeit schließlich miterlebt.«

»Um so weniger verstehe ich, warum Sie sich von Anfang an auf Teichert festgelegt haben. Der Mann war in Ihren Augen von dem Moment an schuldig, als Sie mutmaßten, dass er und sein Besucher eine illegale Beziehung führen.«

Hölzer betrachtet Bruno aus schmal gezogenen Augenlidern. »Und mir ist aufgefallen, dass du dich für ihn ungewöhnlich ins Zeug gelegt hast, seit klar war, dass er ein Homosexueller ist. Was ist wohl verwerflicher? Dass ich jemanden verdächtige, der gegen Gesetze verstößt oder dass du einen Gesetzesbrecher bevorzugen willst?«

»Bevorzugen? Davon kann keine Rede sein. Ich wollte lediglich erreichen, dass der Mann nicht vorverurteilt wird. Aber genau das haben wir getan. Dabei haben Sie selbst eben gesagt, dass es ein Segen ist, wenn nur unabhängige Richter urteilen können.«

Hölzer presst die Lippen zusammen. Er mag Bruno. Aber dieser Sturkopf wird ihn noch zur Verzweiflung bringen. Es wird Zeit, zurück zum Revier zu fahren. Er hält sein Portemonnaie in die Luft, Maria nickt und kommt zu ihm an den Tisch. »Zwei Pils, eine Mark dreißig, zwei Buletten mit Salat, zwei Mark neunzig, macht zusammen vier Mark zwanzig.«

Hölzer legt ein Fünfmarkstück auf den Tisch. »Vier fünfzig.« Als Maria sich bedankt und das fünfzig Pfennig Stück Rückgeld hinlegt, erhebt sich Hölzer. Ein kurzes Stöhnen, kaum hörbar, entfährt ihm. Er atmet ein und geht Bruno hinterher.

Bruno lenkt den Wagen forsch auf das Polizeigelände in der Golßstraße. Ein korpulenter Uniformierter hebt die Schranke und grüßt formell, als der Wagen an ihm vorbeifährt. Bruno parkt rechts auf dem großen Parkplatz, obwohl er genau weiß, dass Hölzer es hasst, den Fußweg zum Dienstgebäude zu gehen. Aber Hölzer sagt nichts dazu, weshalb Brunos Tücke verpufft. Auf halbem Weg bleiben sie stehen. Ein Streifenwagen rast heran, der dicke Lemke kann gerade noch die Schranke hochreißen. Der Motor heult auf und der Streifenwagen düst auf Hölzer und Bruno zu. Mit quietschenden Reifen kommt er zum Stehen, Mücke springt aus dem Wagen und rennt zu Hölzer. »Wir haben ein neues Opfer.«

Hölzer spürt Brunos Hände an seinen Oberarmen. Alles verschwimmt. Die Stimmen sind weit entfernt. Dann wird alles dunkel.

KAPITEL SECHZEHN

Einen Tag zuvor

Ich warte jetzt schon geschlagene zehn Minuten auf die Straßenbahn und halte mich dabei abgeschlagen hinter den anderen Leuten. Die müssen mich nicht sehen, wenn ich mit dem Handballen immer wieder gegen meine Schläfe hämmere, um Ordnung in das Chaos in meinem Kopf zu bekommen. Immer wieder sehe ich den starren Blick meines Vaters. Ich meine damit nicht etwa sein Glasauge, das immer schon völlig irre ins Nichts geglotzt hat. Ich meine sein eigenes Auge, das mich genauso starr fixierte, egal, was ich für Bewegungen veranstaltete. »Buh!«, habe ich gebrüllt, meine Fingerspitzen in die Richtung schnellen lassen und kurz vor der Berührung wieder gestoppt. Kein Zucken! Überhaupt keine Reaktion. Nichts. Oder doch?

Die Straßenbahn fährt vor, Leute drängen sich nach vorn. Ich hasse Menschen. Ein junges Mädchen wird beiseite gedrängt und strauchelt. In einem Reflex mache ich einen Schritt in ihre Richtung und halte sie am Unterarm. »Danke«, sagt sie schüchtern. Sie mag vielleicht sechzehn sein, ein Alter, in dem der Körper viele Vorzüge aufweist.

»Gern«, antworte ich und bemühe mich, die feste Stimme

eines erfahrenen Mannes zu wahren. »Kommen Sie zurecht?«, frage ich und denke insgeheim: *Ich könnte dich bis zur Bewusstlosigkeit würgen, dann das Salz deiner Möse lecken und dich anschließend durchficken, du kleines Miststück.*

»Ja, vielen Dank, mein Herr.« Sie macht einen angedeuteten Knicks und erklimmt die beiden Stufen, hoch in die Straßenbahn. Ich bleibe dicht hinter ihr und starre unauffällig auf ihren prallen Arsch, der sich unter dem dünnen Stoff ihres geblümten Kleides abzeichnet, wie ein Wackelpudding, sodass sich mein Ständer regt. Ich bekomme unbändigen Appetit auf das Wabbelfleisch des Mädchens.

Während der Fahrt schaut das Mädchen nicht einmal zu mir. Sie ist genauso, wie alle sind. Vielleicht erwische ich sie ja mal allein, im Dunkeln. Dann bringe ich ihr bei, wie sie sich mir gegenüber zu verhalten hat.

Ich habe meine Zielhaltestelle erreicht und steige aus. Das Mädchen scheint mich vergessen zu haben. Auch als die Straßenbahn davonfährt, schaut sie nicht einmal zu mir. Ich gehe ins Gebäude der Charité herein und eile durch die Gänge zu meinem Spind im Kellergeschoss. Als ich meinen Kittel anziehe, muss ich daran denken, dass man mir vor der Einstellung gesagt hat, ich würde als Diener arbeiten. Das hat sich für mich so vornehm angehört. Ich hatte mich schon in den Räumen der hohen Herrschaften gesehen, wie ich ihnen Tee serviere. Die Wahrheit ist aber, dass ich Müll und Dreckwäsche fortschaffe. Wer weiß, ob ich so gut Tee servieren könnte, wie ich Müll wegräume. Und wer weiß, ob ich beim Tee servieren so freien Zugang zur Pathologie hätte. Ich bin zufrieden mit meinem Job.

Als ich den obersten Knopf meines Kittels zuknöpfe, wird die Tür krachend aufgestoßen. »Feller ist mein Name. Herr Feller! Ich bin der Nachfolger von Rudolf Kulske, der wegen Krankheit ausfällt. Ihr Name?«, blafft der Mann mich an.

»Walter Saubert«, antworte ich beeindruckt.

»Gut Saubert. Ich bin also ab heute Ihr neuer Chef. Haben Sie Fragen?«

»Nein.«

»Gut. Dann zeigen Sie, was Sie draufhaben. Was stehen Sie dann hier noch herum? An die Arbeit, Saubert!«

Er wendet sich zackig um und prescht aus dem Umkleideraum hinaus. Kulske ist krank? Was hat er denn? Muss er etwa weinen, weil seine musikalische Tochter abgemurkst wurde? Haha. Kulske, das Arschloch, hat bekommen, was er verdient.

Als ich den Umkleideraum verlasse, um meine Arbeit zu beginnen, höre ich die marschierenden Schritte meines neuen Chefs wieder näher kommen. »Saubert?«, brüllt er den Flur entlang.

Ich bleibe stehen.

»Ich brauche einen fähigen Mann, der heute die Spätschicht übernimmt. Sind Sie ein fähiger Mann, Saubert?«

»Ja Chef.«

Er hebt sein Kinn und sieht auf mich herab. »Das lobe ich mir. Gut so, Saubert.« Dann marschiert er wieder zurück. Das Knallen seiner Hacken hallt den Flur entlang, entfernt sich schnell, bis eine Tür hinter ihm zuschlägt. Dann ist es ruhig. Ich nehme meinen Kram und beginne meine Arbeit, wie jeden Tag.

Morgens um drei beende ich meine zweite Schicht. Ich sollte müde sein, denn ich habe viel geschleppt und spüre alle meine Knochen. Eigenartigerweise fühle ich mich aber aufgedreht. Die Spätschicht ist viel besser als die Tagesschicht. Ich wurde nicht kontrolliert und hatte sogar Zeit, die Pathologie aufzusuchen. Leider war jedoch abgeschlossen. Dennoch hat es mir Spaß gemacht, noch weniger Menschen begegnen zu müssen, als am Tage.

Ich hänge die Arbeitskleidung wieder in den Spind, gehe die Stufen aus dem Kellergeschoss empor und trete vor das Gebäude. Es ist mitten in der Nacht und kein Mensch ist weit und breit zu sehen. Nach rechts blicke ich auf den Innenhof der Charité, der wie eine große Parkanlage gestaltet ist. Links entlang geht es zur Straße. Allerdings fährt um diese Zeit noch keine Straßenbahn. Kurz überlege ich, zu Fuß nach Hause zu gehen. Ich entscheide mich um, gehe in den Innenhof und setze mich auf die nächste Bank. Meine Arme lege ich seitlich auf die Rückenlehne der Parkbank, meinen Kopf lasse ich weit nach hinten sinken und blicke in den schwarzen Himmel, der übersät ist von Leuchtpunkten. Der sommerliche Geruch von Gras steigt mir in die Nase. Es ist still – totenstill. Ich schließe die Augen. Nun überkommt mich doch schwere Müdigkeit, sodass ich mich seitlich auf die Bank lege. Beinahe sofort schlafe ich ein.

»He! Aufwachen, das ist hier kein Schlafplatz, Freundchen.«

Ich schrecke auf, muss mich einige Sekunden lang orientieren. Ein bulliger Kerl steht vor der Parkbank, auf der ich nachts eingeschlafen bin.

»Verstanden? Mach, dass du weiterkommst.«

»Schon gut, ich gehe ja.« Die Knochen meiner linken Seite, auf der ich geschlafen habe, tun mir weh. Ich humpele los, bleibe noch mal stehen und sehe zu dem Bulligen zurück. »Wie spät ist es?«

Der Dicke verzieht ein grimmiges Gesicht, zieht dann eine Uhr aus seiner Tasche. »Gleich sieben und jetzt verschwinde endlich.«

Ich beeile mich, wegzukommen. Nicht nur, weil der Koloss

unheimlich ist. Auch, weil gleich meine reguläre Schicht beginnt. Eilig betrete ich das Gebäude, hetze die Stufen zum Keller hinunter und stehe wieder vor meinem Spind.

Pünktlich um fünf Uhr abends schleiche ich mich endgültig von meiner Arbeitsstelle und hoffe, dass mein neuer Chef, Herr Feller, mich nicht aufgabelt, um mir womöglich noch eine Sonderschicht aufzuhalsen. Mein Magen hängt mir auf den Schuhsohlen. Ich muss dringend im Kaufmannsladen Brot besorgen. Um den Laden zu erreichen, laufe ich an der ersten Haltestelle vorbei. Aus der Entfernung erkenne ich ein junges Mädchen, das den Laden betritt. Sofort sind meine Sinne geschärft. Die Kleine macht einen guten Eindruck auf mich, sie ist nicht so mager. Ich lege Tempo zu, denn ich will in dem Laden nahe hinter ihr stehen, um sie riechen und vielleicht unauffällig berühren zu können. Die Türglocke schellt, als ich die Ladentür öffne. »Guten Tag«, werde ich von dem Kaufmann im weißen Kittel und mit Halbglatze begrüßt. Er wendet sich wieder dem Mädchen zu, das von ihrer Einkaufsliste abliest. Der glatzköpfige Ladeninhaber schneidet eine dicke Scheibe Leberwurst ab und verpackt sie in rosa Papier. »So, dann hätten wir alles, Elke.«

Aha, Elke also. Elke ist um einiges jünger, als die Schlampe gestern in der Straßenbahn. Unauffällig nähere ich mich Elke von hinten, recke mein Gesicht ihren langen dunkelblonden Haaren entgegen. Als der feine Geruch ihres Kopfschweißes in meine Nase steigt, bekomme ich einen Steifen. Meine Hände beginnen zu zittern. Ich muss Elke haben!

Der Glatzkopf kritzelt mit einem Bleistift auf einen rosafarbenen Bogen Packpapier seine Addition, während er die Artikel leise aufzählt. »Acht Mark sechzig«, sagt er dann, schiebt sich den Bleistift hinters Ohr und grinst Elke an, während er Elkes Einkäufe fest in dem Papier einpackt. Sie zählt brav Geld aus einem großen Portemonnaie ab (wahrscheinlich die Börse ihrer Mutter).

»Danke schön«, quatscht der Glatzkopf beinahe singend. Dann hilft er Elke, ihre Einkäufe im Beutel zu verstauen. Anstatt mich zu bedienen, glotzt er Elke hinterher. Elke verlässt den Laden, schließt die Tür hinter sich, aber der Dicke Glatzkopf fragt mich immer noch nicht, was ich will.

»Einen Moment bitte, ich bin gleich wieder bei Ihnen.«

Der Dicke verschwindet hinter einem vergilbten Perlenvorhang. Scheiße! Kurzentschlossen verlasse ich den Laden und schaue in beide Richtungen. Rechts entlang verschwindet Elke gerade hinter einer Gebäudeecke. Ich renne los, komme ins Schwitzen. Außerdem wird mir schwindelig. Aber ich habe den Abstand zu Elke verringert. Gehetzt schaue ich mich um, es sind vereinzelte Leute in der Straße unterwegs. Hier kann ich sie unmöglich würgen, bis sie ohnmächtig wird. »Scheiße!«, fluche ich leise. Ich will die Kleine auf keinen Fall entwischen lassen, dazu bin ich viel zu geil und viel zu hungrig. Wie soll ich sie nur bekommen? Mir kommt eine Idee. Ich renne zu ihr. »Elke?«, spreche ich sie an. Sie bleibt stehen und sieht mich überrascht an. Was für ein kindlicher Blick.

»Ja?«

»Ein Unfall ist passiert, du musst schnell mit in die Charité kommen.«

Sie reißt die Augen verängstigt auf. »Ein Unfall? Meine kleine Schwester?«

Haha, Glück gehabt. Hätte sie mir das nicht verraten, hätte ich einen Unfall erfunden, in den angeblich ihre Mutter verwickelt ist. Aber von mir aus kann es auch die Schwester sein, um die sie jammert. »Ja, bitte, komm schnell mit.« Ich nehme ihr den Einkaufsbeutel ab und greife mit der anderen Hand ihren Ellenbogen.

»Was ist denn mit Marianne?«

»Das erkläre ich dir auf dem Weg, komm nur schnell mit.«

Sie folgt mir rennend und beginnt zu weinen. Ich führe sie Richtung Park. »Marianne«, wimmert sie heulend, während wir rennen. Das erstbeste Gebüsch ist meins. Ich stelle blitzschnell den Einkaufsbeutel auf den Boden, packe Elkes Gurgel und presse unnachgiebig zu. Sie gluckst und schaut mich aus aufgerissenen Augen an, während ich sie ins Gebüsch zerre. Es kommt mir länger vor, als sonst, bis die Äderchen in ihren Augen sich röten und ihr Gesicht blau anläuft. Elke kratzt mit ihren Fingern an meinen Händen, aber damit kann sie nichts bewirken. Nicht einmal die Krämpfe in meinem rechten Unterarm veranlassen mich, von ihrem Hals abzulassen. Endlich wird sie schlaff, ihre Beine knicken ein und ihre Arme baumeln herunter. Ich lasse sie zu Boden gleiten, würge aber weiter, bis ich sicher sein kann. Endlich liegt Elke vor mir. Ich erledige alles schnell. Zuerst schiebe ich ihren Rock hoch, erfreue mich an ihrem winzigen Busch und ficke sie ohne Übergang. Dreimal. Für ihre Eingeweide habe ich heute keine Zeit. Ich drehe sie mit dem Gesicht zum Boden und trenne großflächig beide Arschbacken aus ihr heraus. Das Fleisch lege ich in Elkes Einkaufsbeutel zu den anderen Lebensmitteln und verdufte.

Sehr schnell verfärbt sich der Einkaufsbeutel großflächig rot. So kann ich natürlich nicht in die Straßenbahn steigen, weshalb ich zu Fuß nach Hause gehe. Unterwegs achte ich darauf, die Straßenseite zu wechseln, wenn mir jemand entgegenkommt. Als auf beiden Straßenseiten gleichzeitig Menschen unterwegs sind, sodass ich ihnen nicht ausweichen kann, ziehe ich meine Jacke aus und wickele den bluttriefenden Einkaufsbeutel darin ein.

Als ich endlich die Wohnungstür hinter mir schließe, bin ich erleichtert. Nach ein paar tiefen Atemzügen gehe ich in die Küche und stelle den Einkaufsbeutel auf den Tisch.

Meine Jacke ist versaut, das Futter ist mit Elkes Blut übersät. Aber es ist nicht nach außen durchgedrungen, ich werde meine Jacke weiterhin tragen können, wenn sie getrocknet ist. Mit flinken Handgriffen setze ich Wasser in einem Kochtopf auf, lege die beiden Fleischstücke hinein und tue eine große Prise Salz, Piment und Kümmel dazu. Noch immer habe ich keine neuen Lorbeerblätter gekauft. Mist.

Dann gehe ich zur Kammer, bleibe in der Tür stehen und schaue meinen Vater an. »In einer Stunde gibt es Essen«, rufe ich ihm zu. Dienstagmorgen habe ich ihn entdeckt, heute ist Donnerstagabend. Seine rechte Bauchseite hat sich grün verfärbt und sein offenstehender Mund ist knitterig. »Wir haben eine schöne Zeit vor uns, Vater, freust du dich auch darauf?« Ich will ihn berühren, deshalb gehe ich langsam auf ihn zu. »Du solltest dich mal wieder gründlich waschen, Vater, du müffelst.« Ich gehe zum Fenster, öffne es und gehe zurück zu ihm. Mit zitternden Fingern berühre ich seine Schulter. »Jetzt wird alles gut, Vater.«

KAPITEL SIEBZEHN

Die Gnade einer langen Bewusstlosigkeit bleibt KHK Ewald Hölzer verwehrt. Am Boden liegend sieht er den Himmel über dem Polizeigelände und abwechselnd die besorgten Gesichter von Bruno und Stutz. »Soll ich einen Krankenwagen rufen?«, fragt Stutz.

»Das dauert zu lange«, entgegnet Bruno. »Fass mit an. Wir heben ihn in den Wagen und fahren ihn ins Krankenhaus.«

Hölzer bekommt kaum Luft und in seinem Brustraum macht sich ein angsterregendes Brennen breit. Alles, was Bruno und Stutz sagen und tun, lässt er teilnahmslos geschehen. Die Atemnot und der Schmerz in der Brust können nur eines bedeuten: Hölzer hat seinen eigenen Tod vor Augen. Bruno rast mit Blaulicht, Hölzer wird immer wieder besinnungslos. Die Fahrt scheint ewig zu dauern.

Hölzer sieht sich und seine geliebte Gerda. Sie sind frisch verliebt, lachen unbeschwert und küssen sich. Er kann Gerdas Berührungen spüren, kann sie riechen und die Wärme ihrer Haut fühlen.

»Chef!«, dringt Brunos Stimme aus weiter Ferne zu ihm vor. Hölzer kann nicht reagieren. Er will nur noch Gerda in den Armen halten, sich mit ihr lachend auf dieser wunderschönen Wiese drehen und den Duft ihrer Haare wahrnehmen.

Ein brennender Stich ins Herz.

Dann ist Gerda verschwunden.

Der nervende Piepton, den Hölzer seit einiger Zeit unwirklich und entfernt wahrnimmt, wird schnell lauter und realer. Er hebt den Kopf. Eine Krankenschwester reckt den Hals und kommt an sein Bett. »Herr Hölzer, können Sie mich hören?«

»Bin ja nicht taub.«

Die Krankenschwester behält eine ernste Miene, steckt sich die Stöpsel der Ohrbügel in die Ohren und legt die Membran des Stethoskops auf Hölzers Brust. Nach wenigen Sekunden legt sie sich die Ohrbügel um den Hals und fühlt mit den Fingern seinen Puls. Mit versteinertem Blick schaut sie dabei auf ihre Armbanduhr.

»Wann kann ich gehen?«

Die Schwester zwinkert ungläubig. »Sie hatten einen Infarkt, Herr Hölzer. Der Arzt ist gleich bei Ihnen und wird alles Weitere mit Ihnen besprechen.« Sie schaut hinter sich. »Da ist Herr Doktor Schötz ja schon.«

»Doktor Heinrich Schötz, guten Tag Herr Hölzer.« Der Arzt reicht Hölzer die Hand, Hölzer greift zu. Doktor Schötz ist schlank, hat weißgraue Haare und ist glattrasiert. Sein Alter kann Hölzer schwer schätzen, um die fünfzig vielleicht. Er hat einen kräftigen Handgriff. Auch er horcht Bruno ab, dann schaut er den Kommissar mit ernster Miene an.

»Das war knapp, Herr Hölzer. Wie fühlen Sie sich?«

»Dieses furchtbare Brennen in der Brust ist weg.«

»Ein gutes Zeichen. Haben Sie schon längere Zeit

Beschwerden, wie Schweißausbrüche, Atemnot und Brustschmerzen verspürt?«

Hölzer gesteht es ungern. »Ja.«

»Wie ernähren Sie sich?«

»Sehr gut, denke ich. Bei Maria in der Eckkneipe wird deftig gekocht.«

»Verstehe. Wie viel rauchen und trinken Sie?«

»Meine zwei Schachteln Overstolz brauche ich am Tag und das Schnäpschen und das Bier nach dem Essen muss auch sein.«

»Nur ein Bier nach dem Essen oder auch zu anderen Gelegenheiten?«

Hölzer fühlt sich unbehaglich. »Ich habe einen sehr anstrengenden Beruf, ich bin Kriminalhauptkommissar und jage im Moment einen gefährlichen Verbrecher.«

Doktor Schötz legt seine Hand auf Hölzers Schulter. »Bleiben Sie ganz ruhig, Herr Hölzer. Ich bin nicht hier, um Ihnen moralische Vorträge zu Ihrem Lebenswandel zu halten. Meine Aufgabe ist es, das Leben von Patienten nach einem Herzinfarkt zu retten. Dazu gehört auch, dass ich Ihnen klarmache, was die Ursachen eines Infarkts sind. Verstehen wir uns?«

Hölzer nickt stumm.

»Fettes Fleisch ist unter Kardiologen kein *gutes* Essen. Im Gegenteil. Das, und Zigaretten und Alkohol sorgen dafür, dass sich unsere Adern im Laufe der Zeit mit Ablagerungen verkleistern. So wie in Ihrem Fall, Herr Hölzer. Aller Wahrscheinlichkeit nach ist in einem zum Herzen führenden Gefäß eine solche Verengung entstanden und ein Blutgerinnsel ist an dieser Stelle hängen geblieben, sodass die Blutzufuhr unterbrochen war.« Doktor Schötz nimmt ein Notizheft und einen Schreiber aus seiner Kitteltasche und zeichnet einen Kreis. »Stellen Sie sich vor, dass so normale und gesunde Gefäße im Querschnitt aussehen.« Er malt in den Kreis einen kleinen vielzackigen Stern, schraffiert die Fläche zwischen Stern und Kreis. Übrig bleibt der ziemlich winzige Stern. »So sieht es in Ihren Gefäßen aus. Der nicht schraffierte Bereich in der Mitte ist offen, um Ihr Blut zu transportieren.«

Hölzer pustet. »Klar, dass in so einem dünnen Schlauch schnell mal was hängen bleibt und verstopft. Werden diese Ablagerungen wieder verschwinden?«

»Nein. Aber Sie werden von uns Nitroglyzerin, Betablocker und Thrombozytenaggregationshemmer verschrieben bekommen, mit denen das Blut – vereinfacht ausgedrückt – dünner ist und somit weniger Klumpen da sind, die hängen bleiben können. Das Wichtigste jedoch ist, dass Sie nicht mehr rauchen, keinen Alkohol mehr trinken, fettarm essen und Stress vermeiden. Suchen Sie Entspannung bei Spaziergängen an frischer Luft im Grünen. Ansonsten kann der nächste Herzanfall Ihr Letzter sein.«

»Sie denken, dass ich beim nächsten Mal sterbe?«

»Ihre Situation ist ernst, Herr Hölzer.« Doktor Schötz erhebt sich, reißt seine Zeichnung aus dem Büchlein und reicht sie Hölzer. »Ich weiß, wie schwer es ist, Lebensgewohnheiten zu ändern. Aber halten Sie sich das immer vor Augen.«

Hölzer nimmt die Skizze entgegen.

»Wenn ich mich an alles halte, was Sie sagen, wie lange kann ich dann noch ...« Hölzer rauft sich die Haare. »Ich habe noch ein paar Jährchen bis zur Pensionierung ...«

»Sie werden einen Weg finden, Herr Hölzer, da bin ich mir sicher.« Der Arzt geht in Richtung Tür, wendet sich noch einmal um. »Ich komme morgen noch einmal zu Ihnen.« Die Schwester folgt dem Arzt.

Hölzer sitzt allein im Zimmer. Den Piepton seiner Herzfrequenz aus dem Überwachungsgerät nimmt er nun wieder wahr. In seinem Kopf ist gerade nur Stroh. Er hat keinen

Schimmer, wie es weitergehen soll. Aber sterben will er noch nicht.

* * *

»Was ist mit Hölzer?«, will Senator Gräfe im Befehlston von Bruno wissen.

»Es geht ihm den Umständen entsprechend.« Gräfe ist der Letzte, dem Bruno Auskünfte über Ewald Hölzers Zustand geben möchte, selbst wenn er mehr wüsste.

»Wird er durchkommen?« Senator Gräfes eiskalte Art bringt Bruno innerlich zum Kochen.

»Wie gesagt, Herr Senator. Mehr Informationen haben mir die Ärzte nicht gegeben.«

»Stellen Sie sich nicht so an, Renz. Sie sind Kriminalkommissar und werden doch wohl irgendjemanden in diesem Krankenhaus zum Reden bringen können.«

Bruno zählt innerlich bis drei. Und hält lieber die Klappe. Senator Gräfe kommt näher an Bruno heran und redet beschwörend. »Sie stehen am Anfang Ihrer Karriere, Renz. Es wird einen Nachfolger für Hölzer geben müssen. Sie tun gut daran, wenn Sie sich mir gegenüber etwas loyaler geben, als Hölzer.« Der Senator prüft Brunos Reaktion, doch der junge Kommissar lässt sich nicht anmerken, wie angewidert er gerade ist.

»Ich denke, wir haben uns verstanden, Renz. Halten Sie mich auf dem Laufenden.« Der Senator verlässt den Glaskasten und saust durch die Wachstube, ohne jemanden zu grüßen. Eckard Mücke und Arno Stutz, die beiden Streifenpolizisten, kommen herein. »Können wir irgendetwas tun?«, fragt Mücke mit besorgter Miene.

»'Ne Menge. Ich weiß nicht, wie wir ohne den Kollegen Hölzer weitermachen sollen. Aber es muss weitergehen.« Bruno geht an den Schreibtisch, greift einen Stapel Fotografien und stellt sich vor Mücke und Stutz. »Elke Grenz, zwölf.« Bruno prüft die Reaktion seiner Kollegen. Sie haben zwar die Tatorte gesehen, nun aber geht es ihnen, wie es Hölzer erging, als er vor der Bilderwand stand: Die erniedrigten Mädchen starren ihnen klagend aus toten Gesichtern entgegen. Mückes Adamsapfel wandert, als er bei den Bildern angelangt ist, auf denen die Zerstückelungen dokumentiert sind. »Was muss das für ein Ungeheuer sein, das zu so etwas in der Lage ist?« Bruno ist jetzt auf Mücke und Stutz angewiesen. Aber er könnte es den beiden nicht verdenken, wenn sie lieber auf Fußstreife gehen würden. »Seid ihr sicher, dass ihr das mitmachen wollt?«

Stutz tritt vor. »Ich habe eine zwölfjährige Tochter. Wenn ich nur daran denke ... Ja, Herr Renz, ich bin dabei!«

Brunos Blick wandert zu Mücke. Der ballt die Faust. »Ich kann es kaum erwarten, das Schwein in die Finger zu bekommen.«

Bruno hebt sein Kinn und streckt Mücke seine Hand entgegen. »Ich schlage vor, dass wir du sagen. Ich heiße Bruno.« Mücke greift zu und drückt Brunos Hand kraftvoll. »Einverstanden Bruno. Wir sagen du. Aber hier nennt mich jeder Mücke.« Obwohl die Umstände alles andere als witzig sind, muss Bruno lächeln.

»Gut Mücke, dann mache ich das auch so.« Bruno wendet sich dem Kollegen Stutz zu und reicht auch ihm die Hand. Der greift erfreut zu.

»Gern Bruno. Keine Ahnung, warum das so ist, aber zu mir sagt auch niemand Rudolf. Mich nennen alle Stutz.«

»Dann sage ich auch weiterhin Stutz zu dir.«

Bruno schlägt beiden zugleich auf die Schultern. »Lasst uns anfangen. Vor uns liegt eine Menge Arbeit. Wir haben vier tote Mädchen. Und unser Serienmörder schlägt in immer kürzeren Abständen zu. Dem Kerl muss endlich das Handwerk gelegt werden.«

* * *

Ewald Hölzer war noch nie im Leben ein vernünftiger Mensch. Jedoch hatte er auch noch nie einen Herzinfarkt und musste dem Tod so direkt in die Augen sehen, wie an diesem Tag. Er liegt in einem Bett des Krankenhauses Am Urban, verschränkt die Finger hinter dem Kopf und denkt über die Worte des Arztes nach. Dabei sieht er in Gedanken immer wieder die Skizze vor sich, die den verringerten Querschnitt seiner Adern darstellt.

Die Schwestern schauen regelmäßig nach ihm. Er erhält zum Mittagessen eine wässrige Suppe und eine Scheibe Kommissbrot. Nun steht das Abendbrot vor ihm, ebenfalls Magerkost, eine Scheibe Graubrot, Käse, ein Apfel. Sein Magen knurrt, seine Laune ist auf einem Tiefpunkt und er könnte jemanden umbringen für eine Zigarette. Soll so etwa der Rest seines Lebens aussehen? Auf alles verzichten, was schmeckt und Spaß macht? Allerdings sind der brennende Schmerz, die Atemnot und die Todesangst noch in lebendiger Erinnerung. Das will er auf keinen Fall noch mal erleben.

Gegen späten Abend steht sein Entschluss fest. Er wartet auf die Abendvisite, die nicht Doktor Schötz durchführt, sondern ein jüngerer Arzt, mit dem er vorliebnehmen muss, um seine Entscheidung mitzuteilen. Der junge Arzt lehnt vehement ab, Hölzer zu entlassen. Am Ende des Gesprächs stellt der Arzt ihm die nötigen Medikamente zusammen und verabschiedet sich mit eindringlichen Ratschlägen.

Draußen bleibt Hölzer einen Augenblick lang stehen, legt seinen Kopf in den Nacken und schaut in den Abendhimmel. Er geht zu einer nahen Sitzbank, nimmt darauf Platz und schaut auf den Landwehrkanal. Um ein Haar wäre er tot gewesen. Was, wenn es vorhin anders ausgegangen wäre? Warum hängt er eigentlich so an seinem Leben? Gibt es ein Leben danach? Hätte er Gerda wiedergetroffen?

Ein Schwan watschelt über die Wiese auf ihn zu und reckt neugierig den Hals, um zu überprüfen, ob Hölzer Futter dabei hat. Auch für einen einsamen Schwan gibt es einen Platz im Leben.

Es ist spät geworden. Hölzers Grübeleien haben zu zwei Entschlüssen geführt. Erstens wird er im Beruf deutlich kürzertreten und wenn nötig aussteigen. Er wird ein einsamer Schwan sein, aber er wird über grüne Wiesen gehen, anstatt über Leichen zu steigen. Das wird er Bruno heute noch mitteilen. Und zweitens wird er mit Maria reden. Sie muss lernen, gesünder zu kochen.

Das wird die größere Herausforderung.

Auf dem Weg zu Brunos Wohnung spürt Hölzer Erleichterung und das sichere Gefühl, richtig entschieden zu haben. Er wird endlich einmal eine Reise unternehmen. Mit dem Reisebus nach Tirol vielleicht. Oder mit dem Zug in das Allgäu. Ganz egal wohin, nur raus aus seinem Revier, in dem er all die Jahre Verbrechen und Unglück aus nächster Nähe miterleben musste. Er will am Watzmann wandern. Neulich hat er ein Bild des Berges auf einer Postkarte gesehen. Und eine Weide mit Kühen will er sehen. Wenn er den Ärger und den Stress seines Berufes los ist, wird ein gutes Essen und ein Bierchen halb so wild sein.

Er ertastet die Zigarettenschachtel in seiner Jackentasche, zieht sie heraus und schaut wehmütig darauf. »Es muss sein«, sagt er und wirft sie kurz entschlossen in einen Papierkorb an der Straßenecke.

Hölzer hat Brunos Wohnadresse erreicht. In dessen Wohnung brennt noch Licht. Von der anderen Straßenseite her will Hölzer einen Schritt vorwärts tun, bleibt aber wie erstarrt stehen, als er Bruno sieht. Der umarmt und küsst einen Mann!

Hölzer wankt einen Schritt rückwärts, stützt sich an einem Baum ab. Die Atemluft lässt sich nur flach einsaugen, Hölzer hechelt, bis sich die Beklemmung wieder legt. Er kramt nach den Medikamenten, die der Arzt ihm mitgegeben hat, nimmt eine Nitroglyzerintablette aus der Packung und schluckt sie herunter. Schnell legt sich seine Atemnot wieder. Schockiert sieht er immer wieder zu Bruno, der sich noch immer innig mit einem Mann umarmt. Wie kann der Junge nur so leichtsinnig sein? Zwar ist seinem Fenster gegenüber kein Wohnhaus, sondern eine Grünanlage. Aber so wie er, Hölzer, es gerade tut, könnte jedermann Bruno ins Fenster spähen und diesen Vorfall melden. Das würde eine Gefängnisstrafe für Bruno bedeuten.

Der Watzmann würde warten müssen. Vorher hat Hölzer noch etwas Wichtiges zu erledigen. Entschlossen geht er über die Straße, betritt das Haus und stellt sich vor Brunos Wohnungstür. Zögernd verharrt seine Faust in der Luft, dann klopft er an. Drinnen bleibt es ruhig. Hölzer klopft nochmals, dann betätigt er die Klingel. »Hölzer hier, mach auf, Bruno!« Nochmals vergeht ein langer Augenblick, dann wird die Wohnungstür geöffnet. »Herr Hölzer.« Bruno wirkt genauso ertappt, wie er es auch ist. Hölzer schaut an ihm entlang. Er könnte kotzen, ausgerechnet Bruno ein Homosexueller. Er geht ungefragt in die Wohnung, schiebt Bruno hinein und schließt die Tür hinter sich. Hölzer deutet mit dem Daumen über seine Schulter Richtung Wohnzimmer. »Er soll gehen, sofort.« Kurz zögert Bruno, geht aber dann ins Wohnzimmer. Hölzer bleibt im Flur stehen. Von drinnen sind Flüsterstimmen zu hören, die immer wieder lauter und aufgeregter werden. Schließlich erscheint Bruno wieder, ihm folgt ein junger Mann, der kleiner ist, als Bruno, etwa gleich alt und sportlich wirkt. Er streicht seine dunkelblonden Haare mit den Fingern glatt, als er mit gesenktem Blick an Hölzer vorbeigeht. Wortlos öffnet Hölzer die Wohnungstür und schließt sie hinter dem Mann wieder. Er deutet Bruno an, hineinzugehen. Dieses Gespräch würde nicht im Flur stattfinden und eventuell von neugierigen Nachbarn belauscht werden. »Schnüffeln Sie mir hinterher?«

»Dieses kranke Schauspiel kann jeder von der anderen Straßenseite her beobachten. Was ist in dich gefahren, Junge?«

Bruno errötet und schweigt. Hölzer sucht nach einer Idee, was nun zu tun ist. Als Polizist ist er gezwungen, diesen Verstoß gegen das Strafgesetzbuch zu melden. Ginge es nicht um Bruno, würde er das auch ohne Zögern tun.

Bruno stehen Wut und Verzweiflung ins Gesicht geschrieben. »Sie nennen es krank, Herr Hölzer. Aber was soll daran bitte krank sein, wenn ein Mann einen Mann liebt? Das gab es schon immer und das wird es auch immer geben, weil es ebenso zur Natur gehört, wie die Liebe zwischen Mann und Frau.«

Hölzer ist überfordert mit Brunos Gedankengängen. »Wie kommst du nur auf so verrückte Ideen? Es gibt Gesetze, an die sich jeder zu halten hat, gerade Polizisten sollten das tun, verdammt.«

»Pah! Es war auch schon einmal gesetzeskonform, Frauen zu verbrennen. Man muss mit der Zeit gehen, Herr Hölzer. Sagen Sie mir bitte einen vernünftigen Grund, warum dieses Gesetz nicht entfallen könnte.«

Hölzer wünscht sich, dass Bruno zur Vernunft kommt. Wenn er jetzt einlenken würde, könnte Hölzer guten Gewissens über diese furchtbare Sache hinwegsehen. Bruno müsste natürlich versprechen, dass er normal würde. Ein möglicher Grund für Brunos Abartigkeit könnte darin liegen, dass dem Jungen niemand gezeigt hat, wie Liebe funktioniert. Hölzer ist bereit, an dieser Stelle die wichtige Vaterrolle zu übernehmen. »Zieh deine Jacke an und komme mit.«

Bruno gehorcht. »Zeigen Sie mich jetzt an?«

»Das wäre das einzig Richtige. Möglich, dass ich das noch tue. Aber jetzt werden wir dafür sorgen, dass du ab sofort zum richtigen Ufer schwimmst.« Hölzer schiebt Bruno aus der Wohnung. Mit Unbehagen lässt Bruno sich ins Auto verfrachten. Bevor er den Motor startet, schaut der zu Hölzer. »Was haben Sie vor?«

»Wir fahren zur Potsdamer Straße, los gehts.«

Entsetzt lässt Bruno das Lenkrad los. »Sie wollen mich zu einer Prostituierten bringen?«

»Was sonst. Die Mädels sind Profis. Wenn dir einer beibringen kann, wie man richtig bumst, dann die.«

Bruno stößt die Fahrertür auf. »Auf gar keinen Fall werde ich das tun.«

»Dann zeige ich dich an, ist dir das lieber?«, brüllt Hölzer.

Unter Tränen schreit Bruno zurück. »Von mir aus. Wenn es sein soll, dann tun Sie das. Aber ich werde nicht mit einer Prostituierten schlafen. Niemals!«

»Mensch Bruno, so lass dir doch helfen. Ich hätte mir gewünscht, dass mich jemand an die Hand nimmt und mich in die Welt der richtigen Liebe einführt.«

»In die Welt der richtigen Liebe einführt? Meinen Sie das wirklich so? Ich fasse es nicht.«

Die Männer sitzen minutenlang nebeneinander, keiner von beiden findet einen Weg aus dieser Sackgasse. Schließlich bricht Bruno das Schweigen. »Ich kann Sie nicht davon abhalten, mich anzuzeigen. Aber das ändert nichts an meiner Entscheidung: Ich werde nicht mit einer Prostituierten schlafen.«

Hölzer unterbricht ihn mit einer Handbewegung, bevor Bruno Dinge sagt, die er nicht mehr zurücknehmen kann. Er steigt aus, beugt sich in den Wagen. »Ich gehe zu Fuß nach Hause. Wir sehen uns morgen im Büro.«

Hölzer geht, ohne sich noch einmal umzudrehen. Bruno,

auf den er so große Stücke gehalten hat, ist ein Gesetzesbrecher.

Bruno schaut Hölzer hinterher. Der Mann, zu dem er insgeheim aufgeschaut hat, weil er vorbei an allen Konventionen für Gerechtigkeit stand, war genauso ein verbohrter Mensch, wie die Nazis und diejenigen, die sie unterstützt haben.

KAPITEL ACHTZEHN

Der Gestank, der aus Vaters Kammer wabert, will einfach nicht aus der Bude ziehen, obwohl das Fenster seit Stunden sperrangelweit offen steht. Es ist Essenszeit. Ich gehe in die Küche, schaue in den Kochtopf, in dem das Fleisch in brodelndem Wasser umherwandert. »Elke, Elke, du bist ja ganz schön aktiv.« Mit einer Gabel pikse ich hinein, es ist gar. Ich stelle die Gasflamme aus und hebe die beiden Fleischbrocken aus der Brühe. Der leckere Geruch steigt mir in die Nase. Mir läuft das Wasser im Munde zusammen und mein Magen knurrt so sehr, dass es schon wehtut. Ich beeile mich damit, die beiden Teller mit dem Fleisch darauf in die kleine Kammer zu Vater zu tragen. Wo soll ich die Teller abstellen? Es befindet sich kein Tisch in dem Raum. Nervös stelle ich die Teller mit dem dampfenden Fleisch auf den Boden, renne in die Küche und ziehe den Tisch von dort den Flur entlang Richtung Kammer. Das macht einen ziemlichen Lärm, aber es muss sein. Ich schiebe den Tisch so weit an den sitzenden Vater heran, bis seine hässlichen nackten Eier darunter verschwunden sind. Allerdings ist der Tisch viel zu groß für die Kammer. Der Türdurchgang ist verstellt, sodass man nur noch mit Mühe in die Kammer rein und wieder rauskommt. Ich bücke mich nach den Tellern. Einen davon habe ich beim Räumen des Tisches wohl mit dem Fuß angestoßen, das Fleisch liegt daneben auf dem Teppich. Zunächst stelle ich den anderen Teller an meinen Platz, über Eck zu Vater. Dann kullere ich das heiße Fleisch vom Boden auf den Teller zurück und stelle Vater die Portion vor die Nase. Es fehlt nur noch ein Stuhl, den ich ebenfalls aus der Küche in die Kammer schleppe. Nassgeschwitzt schnaufe ich. »Es ist ganz schön anstrengend, sich um dich zu kümmern, Vater.« Ich greife Messer und Gabel. »Aber ich tue das gern. Guten Appetit.« Ich glaube, ich hatte noch nie solchen Hunger. Gierig schlinge ich Stück für Stück herunter, bis ich mich zufrieden und satt zurücklehne. »Wie schmeckt es dir?« Ich greife nochmals Messer und Gabel und schneide große Stücke von dem Fleisch auf Vaters Teller. Einen der Brocken steche ich auf die Gabel und führe ihn behutsam an Vaters offenstehenden Mund. Er könnte sich ruhig etwas anstrengen und nicht alles mir überlassen. Tut er aber nicht. Also schiebe ich den Fleischbrocken in seinen Mund hinein. »Schön kauen, damit du dich nicht verschluckst.« Dass er sich nicht mehr bewegen kann, ärgert mich und macht mich traurig zugleich. Da hilft es auch nicht weiter, dass er mich versteht, denn er antwortet ja nicht. Übellaunig stehe ich auf, werfe das Besteck auf den Tisch und zwänge mich am Tisch vorbei aus der Kammer. In der Küche setze ich mich auf den verbliebenen Stuhl und verschränke die Arme. Wenn ich ihn retten will, gibt es nur eine Lösung: Ich muss jeden Tag frisches Fleisch auf den Tisch bringen.

Seit einer Woche habe ich kaum geschlafen. Nach der Arbeit habe ich Fleisch besorgt. Zu Hause habe ich Vater versorgt (was echt anstrengend ist, weil er sich kein Stück anstrengt) und danach musste ich auch schon wieder zur Arbeit. Mein Chef, Herr Feller, muss sehr zufrieden mit mir sein, denn ich bekomme beinahe jeden Tag eine zweite Schicht zugeteilt. Alles klappt prima. Die Gespräche mit meinem Vater werden immer besser. So habe ich es mir immer erträumt. Inzwischen sage ich Papa zu ihm, das klingt viel liebevoller.

In den letzten fünf Tagen habe ich fünf Mädchen erwürgt und ihr Fleisch und ihre Eingeweide genommen. Unser Vorrat ist jetzt beachtlich und ich muss keine Angst mehr haben, dass Papa hungern wird. Ich habe es wohl zu gut gemeint, denn er isst sehr wenig und nun stapelt sich das gute Fleisch in der Küche. Es ist ein gutes Gefühl, etwas mehr im Haus zu haben, als man braucht. Gut gelaunt trage ich das Abendessen (es gibt sauer gekochte Nierchen von Martina) in Papas Kammer. Das Fenster des winzigen Zimmers lasse ich inzwischen permanent geöffnet.

Ich bekomme einen kleinen Schreck, denn inzwischen zieht sich die Grünfärbung über Papas gesamten Bauch. Seine Gesichtshaut ist schrumpelig und seine Augen noch mehr eingefallen. Ich nehme den Fleischbrocken von gestern (es gab Eisbein von Verena) aus seinem Mund und werfe ihn in die Ecke zu den anderen Resten. »Du hast wieder nicht aufgegessen, Papa.« Ich stemme die Fäuste in die Hüften, beuge mich zu ihm vor und drohe mit dem Finger. »Das ist sehr unvernünftig!« Ein neuer Tag, ein neues Glück. Ich zerschneide Martinas saure Nieren in mundgerechte Stücke, denn Papa weigert sich nach wie vor, zu kauen. Wie immer lege ich das dampfende Fleischstück in seinen offenstehenden Mund und warte. Er kaut wieder nicht. Anfangs habe ich versucht, seinen Kiefer zuzudrücken, um ihm zu helfen. Aber das ging nicht. Gestern habe ich das wieder versucht, da konnte ich den Kiefer bewegen, aber er ist dabei seitlich verrutscht. Nun sieht Papa noch eigenartiger aus, mit seinem schiefen Gesicht. Also lasse ich es lieber und baue darauf, dass er freiwillig kaut. Mein Gott, es stinkt wirklich erbärmlich. »Wann wirst du dich endlich waschen?«, frage ich ihn genervt. Seine altbekannte Sturheit kommt wieder zutage, er denkt nicht daran, zu antworten. Genauso wenig, wie er sich weigert, sich zu waschen. Wütend versetze ich ihm einen Knuff in die Seite. Papa sackt einige Zentimeter zusammen, sein Kopf kippt nach vorn, sein Glasauge rutscht aus der Höhle, kullert auf seinen Schoß und von dort auf den Teppich. »Waaa!«, schreie ich erschrocken und springe auf, weil ich den Eindruck habe, dass Papa aufsteht und mir eine knallt. Mit dem Rücken an die Wand gelehnt starre ich ihn lauernd an. Steht er jetzt auf, renne ich, was das Zeug hält. Aber er bleibt so zusammengesackt und schief sitzen und rührt sich kein Stück. Mein Blick fällt auf Papas Glasauge unterm Tisch. Die Pupille glotzt in eine andere Richtung. Ich will nicht, dass wir uns streiten und dass er mich dann nicht mehr ansieht. Behutsam hebe ich es auf, wische es rundherum an meiner Jacke sauber und stecke es ein. So kann ich ihn ansehen, wann immer ich will.

Erleichtert nehme ich einen tiefen Atemzug. »Also das geht so wirklich nicht. Ich halte diesen Gestank langsam nicht mehr aus.« Für heute habe ich genug davon, nehme meinen Teller und gehe zurück in die Küche. Einen Tisch gibt es in der Küche nicht mehr, deshalb stelle ich meinen Teller auf dem Rand der überfüllten Spüle ab und beginne, zu essen. Ich beeile mich ein bisschen und beiße große Stücken ab, denn meine Arbeit beginnt bald. Ich kann es kaum erwarten, dort zu sein.

So leise es geht, schließe ich die Wohnungstür hinter mir, wende mich der Treppe zu und nehme die erste Stufe.

»Herr Saubert?«

Ich zucke zusammen. »Ja, Frau Tiemann?« Die Tiemann

ist die Letzte, die ich jetzt treffen möchte.

»Was ist das für ein Geruch, der aus der Wohnung Ihres Vaters kommt? Wo ist er überhaupt? Ich habe ihn schon tagelang nicht mehr gesehen.« Frau Tiemann steht in ihrer weit offenstehenden Wohnungstür. Sie trägt wie immer eine Schürze mit kleinen blauen Blumenmustern und ein Kopftuch, ebenfalls blau, aber ohne Muster. In ihrer rechten Hand hält sie ein Schlüsselbund.

»Meinem Vater geht es nicht so gut, ich kümmere mich um ihn. Und der Geruch kommt von Bodo, unserem Kaninchen. Zwei Tage haben wir ihn gesucht.« Ich simuliere eine traurige Miene. »Dann habe ich ihn unterm Schrank gefunden.«

Frau Tiemann schaut mich skeptisch an. »Das tut mir leid. Ich wusste gar nicht, dass Sie ein Kaninchen hatten. Es geht Ihrem Vater nicht so gut? Was hat er denn?«

»Ich glaube, er hat sich den Magen verdorben. Er isst seit Tagen schlecht und hat abgenommen und im Gesicht sieht er schon ganz eingefallen aus.« Innerlich lache ich mich kaputt.

»Soll ich mal nach ihm sehen?« Sie will die Tür hinter sich zuziehen. »Ich könnte ihm eine Hühnersuppe kochen.«

»Nein, das müssen Sie nicht. Es geht langsam wieder bergauf mit ihm. Machen Sie sich keine Sorgen.«

»Na gut«, sagt sie unzufrieden dreinschauend. »Aber wenn Sie Hilfe brauchen, klingeln Sie bei mir.«

»Vielen Dank, Frau Tiemann, das werde ich tun. Ich muss jetzt zur Arbeit. Einen schönen Tag noch.«

Eilig wetze ich die Stufen hinunter, das Schließen ihrer Tür höre ich genauso wenig, wie ich das Öffnen gehört habe. Ich muss eine Pause einlegen und in nächster Zeit kein Fleisch mehr nach Hause bringen. Dieses alte Klatschweib schickt mir sonst noch die Polizei auf den Hals. Ich hasse die

Tiemann. Wie das Fleisch einer alten Frau wohl schmeckt? Wie es unter ihrem Rock wohl aussieht? Vielleicht werde ich bei Gelegenheit bei Frau Tiemann klingeln.

KAPITEL NEUNZEHN

Es ist genau fünf Tage her, dass Hölzer und Bruno im Streit auseinandergegangen sind.

Am nächsten Morgen hatten sie sich im Büro getroffen – pünktlich wie immer. Ihre Zusammenarbeit war ergiebig – wie immer. Dennoch war etwas anders als sonst. Beide wussten genau, was es war, aber keiner sprach darüber. Hölzer hat kein Wort mehr darüber verloren, dass er Bruno küssend mit einem Mann gesehen hat. Bruno war zunächst zurückhaltend, gewann aber schnell wieder Vertrauen. Er war Hölzer zutiefst dankbar. Auch, weil er wusste, welche Überwindung es den alten Kriminalhauptkommissar kostete, die Sache nicht zu melden. Freilich spielte es auch eine Rolle, dass der Serienmörder ihnen an jedem der fünf Tage eine neue Frauenleiche präsentiert hatte und sie keine freie Sekunde mehr hatten.

Hölzer zieht die Schublade seines Schreibtisches auf und stellt eine der Schnapsflaschen auf den Tisch. Bruno positioniert sich vor Hölzers Tisch. »Herr Hölzer, kann ich etwas mit Ihnen bereden?«

Hölzer zieht die Augenlider schmal. Bruno fährt übergangslos fort.

»Bitte verstehen Sie mich richtig. Ich habe Ihnen keine Vorschriften zu machen, das ist mir bewusst. So ist es auch keinesfalls gemeint. Aber ich mache mir Sorgen um Ihre Gesundheit.« Bruno deutet auf die Schnapsflaschen. »Sie müssen nach Ihrem Herzanfall auf gesunde Ernährung achten.«

Hölzer schaut wehmütig auf die Schnapsflasche vor sich auf dem Tisch und kratzt sich dann den Kopf. Bruno hält ihm die Handfläche frontal entgegen. »Ich halte schon die Klappe.«

»Schon gut, Junge.« Bruno hat ja recht. Hölzer fehlt zudem die Energie, Bruno in die Schranken zu weisen. Im ersten Ansatz kam ihm zwar der Satz, *›du werde erst mal normal‹* in den Sinn. Den hat er aber schnell wieder heruntergeschluckt. Denn er hat in den letzten fünf Tagen oft über Bruno nachgedacht. Zwar würde er niemals verstehen, wie man Sex mit einem Mann haben kann. Aber er mochte Bruno, ob er nun homosexuell war, oder nicht. Hölzer wird altersmilde, erklärt er sich selbst seine neue Sichtweise.

»Wir haben inzwischen neun Opfer.« Hölzer steuert das Gespräch auf ein wichtigeres Thema. »Zudem schlägt der Täter immer schneller zu. Jeden Tag ein neues Opfer in den letzten fünf Tagen. Inzwischen haben wir die Presse im Nacken und die Öffentlichkeit wird nervös. Es hat sich eine erste Bürgerwehr gebildet.« Hölzer hält abrupt inne, schließt die Augen mit angewiderter Miene und schnauft laut. Im selben Augenblick wird die Tür seines Glaskastens aufgestoßen und Senator Gräfe prescht herein.

»Ich werde noch wahnsinnig in diesem Laden!«, blökt der Senator Hölzer an. »Neun tote Mädchen und keine Spur. Die Stadt gerät in Aufruhr, Hölzer, ist Ihnen das eigentlich klar?«

Bevor Hölzer antworten kann, tobt Senator Gräfe weiter. Er nimmt die Schnapsflasche von Hölzers Schreibtisch und lässt sie geräuschvoll in den Papierkorb fallen. »Scheinbar können Sie nichts, außer sich zu besaufen. Sie sind verbraucht, Hölzer!«

»Es reicht!«, fährt Bruno dazwischen. »Hauptkommissar Hölzer ist ein großer Erfahrungsträger, ohne den wir überhaupt keine Chance haben, diesen perversen Mörder zu fassen, Herr Senator. Haben Sie überhaupt eine Ahnung davon, was in dieser Abteilung geleistet wird?« Bruno macht einen Schritt auf Gräfe zu. »Es ist nicht der Schnaps, der uns hier zugrunde richtet, Herr Senator. Es ist vielmehr der Umstand, dass wir Tag und Nacht an diesem Fall arbeiten und von oben von Anfang an keinerlei Unterstützung erhalten haben. Und jetzt würde ich empfehlen, dass Sie die Presse beruhigen und uns unsere Arbeit machen lassen, Herr Senator!«

Gräfes Adamsapfel wandert, während Bruno beinahe Nase an Nase vor ihm steht und dem Blick des Senators standhält. So hat Hölzer den Jungen noch nie gesehen. Gräfe geht einen Schritt zurück und droht Bruno mit dem Zeigefinger. »Das wird ein Nachspiel haben, junger Mann. So haben Sie nicht mit Ihrem obersten Dienstherren zu reden. Merken Sie sich das.« Dann rauscht der Senator von dannen. Bruno greift nach der Klinke, um die Tür zu schließen. Mücke pfeift anerkennend und zeigt Bruno den hochgestellten Daumen.

»Alle Achtung, Bruno«, sagt Hölzer, als der junge Kollege die Tür wieder geschlossen hat und sich auf seinen Stuhl setzt. »Allerdings dürfte dieser wunderbare Arschtritt, den du Gräfe verpasst hat, das Ende deiner Karriere sein, schätze ich.«

»Das ist mir langsam egal. Ich meine es ernst, was ich gesagt habe. Sie arbeiten wie besessen, obwohl sie ins Krankenbett gehören und was fällt diesem Schnösel dazu ein? Der kommt hier hereingeschneit und pöbelt. Hätte er uns von

Anfang an unterstützt, wären wir schon weiter.« Bruno redet sich in Rage, erhebt sich wieder und wendet Hölzer den Rücken zu, um die Bilderwand anzusehen.

Hölzer steht plötzlich neben Bruno und hält dem jungen Kollegen seine Hand hin. »Sag *du* zu mir.«

Bruno errötet vor Aufregung, nimmt dann die Hand seines Chefs. Ein erhabener Moment und eine große Anerkennung für Bruno. »Du Ewald oder du Hölzer?«

Die Männer lachen. »Mach es, wie es kommt. Die Hauptsache ist, dass du dieses *Sie* endlich weglässt.«

»Danke.«

* * *

Dieser anstrengende Tag will kein Ende finden. Hölzer und Bruno gehen immer und immer wieder jedes einzelne Detail durch.

»Eine Pause täte uns gut. Lass uns morgen weitermachen«, insistiert Bruno. Er achtet mehr auf Hölzers Gesundheit, als Hölzer selbst es tut. Das wird sich wohl nie ändern.

»Wir müssen dranbleiben, Bruno.« Hölzer tigert mit geballten Fäusten durchs Büro. »Er hat sich gesteigert, in den letzten fünf Tagen jeden Tag ein neues Opfer. Wo soll das hinführen? Wir müssen auch mehr Gas geben.«

Mücke öffnet die Tür und schiebt den Kopf herein. Mit ihm dringen die Stimmen aus dem Großbüro herein und das Tackern einer Schreibmaschine. »Kalle Gärtner will euch sprechen.«

Hölzer winkt ab. »Wir haben jetzt keine Zeit für Reporter.«

»Es geht nicht um das Übliche, sagt Kalle. Er hat einen Zeugen.«

»Was? Wieso sagst du das nicht gleich?« Hölzer stürmt an Mücke vorbei, winkt Kalle Gärtner zu, der vor dem Tresen steht. »Komm rein, Kalle.« Der Reporter nickt, klappt das Tresenbrett hoch, um den Durchgang zu öffnen, und kommt auf Hölzer zu. Hinter Kalle folgt ein gepflegt aussehender kleiner Mann um die Fünfzig. Eilig schließt Hölzer die Glaskastentür, hinter den beiden. »Leg los«, bittet Hölzer den Reporter.

»Das ist Herr Kamps.«

Der Mann nimmt seinen Hut vom Kopf und verneigt sich angedeutet. »Artur Kamps, angenehm.«

»Guten Tag Herr Kamps. Sie haben eine wichtige Beobachtung gemacht?«

»Nun, ob meine Beobachtung wichtig ist, kann ich nicht sagen.«

Hölzers Geduldsfaden wird dünner. »Erzählen Sie, was haben Sie gesehen.«

»Gern.« Herr Kamps hält inne und starrt an die mit Bildern zugepflasterte Wand. Feiner Schweiß bildet sich auf seiner Stirn und er deutet auf ein Bild von Sigrid Jürgens. »Das ist sie«, sagt er.

Hölzer und Bruno sehen sich an, Bruno nimmt das Bild von der Glasscheibe und hält es Herr Kamps nahe vors Gesicht. »Sie haben dieses Mädchen gesehen?«

»Ja, da bin ich mir absolut sicher. Ein Mann lief ihr hinterher. Er kam mir äußerst merkwürdig vor, weil er stumme Selbstgespräche führte. Deshalb bin ich hinterhergegangen.«

»Stumme Selbstgespräche?«

»Ja, er bewegte seinen Mund, ohne einen Laut von sich zu geben, oder zumindest redete er sehr leise, sodass ich auf die Entfernung nichts hören konnte. Aber hätte er Laute von sich gegeben, hätte sich das Mädchen doch zu ihm umgedreht.«

»Verstehe. Wann und wo war das?«, will Hölzer wissen.

»Vorgestern in der Hasenheide.«

Der Mann konnte ein Wichtigtuer sein. Solche Leute gab

es leider auch. Aber nach Hölzers Einschätzung sagte er die Wahrheit, denn Sigrid Jürgens wohnte in der Hasenheide und wurde in der Nähe, im südlichen Teil des Jahnparks, aufgefunden.

»Wie sah der Mann aus, der ihr folgte?«

»Er war normal groß, so wie ich.«

»Circa eins siebzig?«

»Ja. Er war schlank und wirkte drahtig. Was mir an ihm auffiel, war, dass er sich öfter in Ecken versteckte, während er ihr folgte.«

»Was konnten Sie noch erkennen? Welche Kleidung trug er? Welche Haarfarbe? Könnten Sie unserem Zeichner Angaben zu seinem Gesicht machen?«

Herr Kamps wirkt grüblerisch. »Seine Kleidung ... ich weiß nicht, er wirkte sehr unauffällig und normal. Jacke und Hose waren vielleicht grau. Ich glaube, er hatte eine Halbglatze, das könnte ich aber nicht mit Sicherheit sagen. Sein Gesicht konnte ich nicht erkennen, er hat sich nie richtig zu mir umgedreht. Bis auf einmal. Da habe ich mich zu Tode erschreckt, und bin zurückgekehrt.«

Zurückgekehrt also. Hölzer würde am liebsten ausspucken. Hätte dieser Spanner nur ein wenig mehr Mut gezeigt, könnte das Mädchen wahrscheinlich noch leben.

Kamps spürt Hölzers Abneigung und wird nervös. »Ich bin doch kein Polizist, was sollte ich denn tun? Außerdem ist Sigrid den Weg schon öfter allein gegangen. Warum sollte ich davon ausgehen, dass so etwas passieren würde?«

Hölzer und Bruno werfen sich einen kurzen Blick zu. Der Name des Mädchens wurde bisher noch nicht erwähnt. Allerdings könnte Kamps ihn von dem Klebeschild an der Wand abgelesen haben. »Sie kannten Sigrid?«

»Ja, ich wohne im selben Haus und kümmere mich gelegentlich um sie und ihre Mutter.«

Sigrid Jürgens lebte mit ihrer Mutter zusammen, das weiß

Hölzer von den Ermittlungen. Der Vater ist gestorben, als Sigrid ein Kleinkind war. Ein älterer Nachbar also, der sich um eine alleinstehende Frau und deren zwölfjährige Tochter kümmert. Das ist verdächtig, Kamps muss deshalb aber längst nicht der Täter sein. »Haben Sie Sigrid öfter begleitet?«

Kamps räuspert sich. Augenscheinlich bereut er nun, dass er sich als Zeuge gemeldet hat. Hölzer wird ihn nicht so einfach wieder gehen lassen. »Wie gesagt, ich habe mich um die beiden gekümmert. Sie hatten ja sonst niemanden.« Kamps setzt sich seinen Hut wieder auf. »Ich hoffe, ich konnte Ihnen weiterhelfen. Ich muss jetzt allerdings wieder gehen.«

Hölzer will ihn aufhalten, aber Bruno ist schneller, öffnet die Tür und schneidet Hölzer den Weg ab. »Danke, dass Sie sich zu uns bemüht haben, Herr Kamps. Sollte Ihnen noch ein Detail einfallen, melden Sie sich bitte bei uns. Es kann sich dabei auch um eine Kleinigkeit handeln, die Ihnen unbedeutend vorkommt, uns aber weiterhelfen könnte.«

»Ja, das mache ich. Auf Wiedersehen.« Kamps lupft seinen Hut und verschwindet eilig.

Kalle Gärtner stemmt die Fäuste in die Hüften. »Na, war das euer Durchbruch?« Er blättert flink seinen Notizblock um, in den er die ganze Zeit über gekritzelt hat. »Ich würde sagen, ihr seid mir einen Gefallen schuldig.«

Hölzer klopft ihm auf die Schulter. »Danke Kalle. Das hast du gut gemacht. Aber lass Kamps bitte aus deinen Berichten raus. Du bekommst als Erster unsere Informationen, sobald wir etwas haben, versprochen.« Alle im Raum wissen, warum Kalle Herrn Kamps außen vor lassen soll, aber niemand spricht es aus. Auf keinen Fall soll es noch einmal so ein Desaster geben, wie mit dem unschuldigen Lehrer Joachim Teichert.

Kalle zischt unzufrieden ab. Hoffentlich hält er sich zurück.

»Was sagst du dazu, Bruno?«

»Schwer zu sagen. Mit diesem Kamps stimmt etwas nicht. Aber ich glaube nicht, dass er unser Mann ist.«

»Das sehe ich genauso.« Hölzer schlägt energisch in die Hände. »Wir werden den guten Nachbarn genauer unter die Lupe nehmen. Mal sehen, welche Überraschungen uns in der Wohnung dieses feinen Herrn erwarten.«

KAPITEL ZWANZIG

Heute habe ich zum ersten Mal Nein gesagt, als Herr Feller mir eine zweite Schicht zuteilen wollte. Ich muss zu Hause dringend Ordnung schaffen. Das Gequatsche dieser neugierigen Frau Tiemann war mir eine Warnung: Wenn ich diesen Gestank nicht weg bekomme, wird sie unter Garantie weiter spionieren und das der Polizei melden. Ich muss die Alte zum Schweigen bringen! Davon abgesehen geht mir der Geruch auch langsam auf die Nerven. Ich werde Papa heute waschen. Eine Menge Arbeit wartet zu Hause auf mich.

Seit zehn Minuten stehe ich in der Küche und weiß nicht, wo ich anfangen soll. Auf der Ablagefläche der Spüle stapeln sich Fleischstücken und Organe der letzten Tage, in der Spüle und auf jedem freien Fleck steht dreckiges Geschirr und auf dem Boden befinden sich Blutflecken und anderer Dreck. Das Fleisch wegzuwerfen, wäre Verschwendung. Aber ich habe keinen Platz, es zu lagern. Der Kühlschrank ist kaputt und die Spüle ist offensichtlich nicht der beste Lagerort. Die unteren Brocken (das müssten Johanna und Susanne sein) sind beinahe schwarz und glibberig, die oberen sind dunkelrot. Fliegen machen sich massenhaft breit. Wo kommen die bloß immer her?

Ich entschließe mich, mit dem Saubermachen bei meinem Vater anzufangen. Dazu brauche ich eine Schüssel. Im ehemaligen Schlafzimmer meiner Eltern steht auf dem Kleiderschrank schon ewig so ein weiß emailliertes Ding. Die hole ich, fülle sie mit Wasser und schaue mich nach einem Lappen und Seife um. Beides finde ich nicht. Aber mir fällt ein, dass in der Küche einmal ein Handtuch lag, das ich nie benutzt habe. Das hole ich, werfe es in das Wasser der Schüssel und trage das Ganze in die Kammer. »Hallo Papa, heute ist Waschtag.« Ich stelle die Schüssel auf den Tisch, gehe an seine Seite und sehe an ihm entlang. Seine Haut ist braun geworden und trocken wie Leder. »Kein Wunder, dass die gute Frau Tiemann sich gestört fühlt, so selten wie du dich wäschst. Aber heute gibt es keine Ausreden.« Mein Blick fällt auf seinen Schoß. Seine ehemals dicken Eier sind runzelig vertrocknet und nur noch halb so groß. Sein Schwanz sieht aus, wie ein Schildkrötenhals. Unter ihm nehme ich eine Bewegung wahr, gehe näher heran, um genauer hinzusehen. »Das sind doch die gleichen Würmchen, die auch an dem Fleisch in der Küche herumkrabbeln.« Wütend nehme ich sein Glasauge aus der Brusttasche meines Hemdes und richte die Pupille Richtung Papas Schoß. »Sieh dir das nur an. Das kommt davon, wenn man sich nicht wäscht.« Ich richte den Blick des Glasauges zu meinem Gesicht. »Habe ich es dir nicht gesagt? Hä?«

Ich trete voller Wut gegen den Tisch. Die Schüssel gerät arg ins Wanken. Ich greife noch danach, verschlimmere es aber, indem ich ihr den letzten Schubs verpasse. Sie donnert zu Boden. Das Wasser verteilt sich in einer großen Pfütze, einiges davon saugt der Teppich auf. »Scheiße!« Ich platze gleich vor Wut. Und das alles nur wegen der Tiemann, dieser dämlichen Fotze. Ich stürme aus Papas Kammer, werfe mir eine Jacke über und trete in den Flur. Die Wohnungstür ziehe ich leise hinter mir zu, gehe zur Nachbarwohnung von Frau Tiemann und klingele. Ich höre sie drinnen umherschleichen, aber sie öffnet nicht. Ich bleibe seitlich stehen, damit sie mich nicht durch den Türspion erkennen kann. *Mach die Tür auf*! Aber sie denkt nicht daran. Vielleicht trete ich die Tür ein. Aber das würde andere Nachbarn aufmerksam machen. Ich warte, bis die Hausflurbeleuchtung sich ausschaltet und lausche noch einen Augenblick lang. Ich weiß, dass sie hinter der Tür steht, diese neugierige Drecksau. Endlich schlurft sie zurück in ihr beschissenes Wohnzimmer. Ich verpisse mich. Ich muss jetzt ein paar Schritte in der Gegend umherlaufen, bis meine Wut sich wieder gelegt hat. Dann kann ich zu Hause weiter aufräumen.

Während ich ziellos unterwegs bin, nehme ich Papas Glasauge aus der Brusttasche und sehe direkt in die Pupille. »Ich bringe sie um! Ich bringe die Tiemann um.« Ich kenne Papas Blick und weiß, dass er einverstanden ist. Plötzlich sehe ich in einer schwach beleuchteten Sackgasse einen VW Käfer stehen. In dem Wagen sind deutlich die Umrisse einer Frau und eines Mannes zu erkennen. Ich stecke Vaters Auge wieder zurück in die Brusttasche und gehe unauffällig in die Richtung. Je näher ich dem Käfer komme, desto deutlicher sehe ich, was in dem Wagen vor sich geht. Ein Pärchen ist zugange. Geduckt gehe ich so nahe heran, dass ich ihn berühren kann. Sie küssen sich, die Scheiben sind einen Spalt breit herunter. Ihr leises Reden und die Schmatzgeräusche ihrer Küsserei dringen zu mir vor. Vorsichtig schiebe ich meinen Kopf über den Rand der hinteren Seitenscheibe. Die Frau ist obenherum nackt, der Anblick ihres Busens erregt mich sofort. Ich knete meinen Schritt, während ich die beiden weiter beobachte und belausche. Der Mann schiebt den Rock der Frau höher, weiße Strumpfhalter, weiße Unterhosen und hautfarbene Strümpfe kommen zum Vorschein, ich kann kaum verhindern, einen Abgang zu bekommen. Der Mann klettert zwischen die gespreizten Beine der Frau, zerrt seine Hose herunter. Sein Ding reckt sich der Frau entgegen, ihr Stöhnen wird lauter.

Ein brennender Schmerz an meinem Knie lässt mich seitlich gegen den Wagen krachen, eine Glasscherbe oder etwas Ähnliches muss unter meinem Knie gelegen haben. Schnell schließe ich den Reißverschluss meiner Hose und erhebe mich. In meiner Hose ist ein Riss und mein Knie blutet. Die Beifahrertür wird geöffnet und der Mann steigt aus. Er ist nur mit Unterhose bekleidet. Sein Körper ist muskulös.

»He, du Spanner, verschwinde von hier.« Er kommt aggressiv auf mich zu, stößt mich grob vor die Brust, sodass ich rückwärts taumele. »Na warte, dir werde ich's zeigen«, droht er aggressiv.

Der Mann kommt weiter auf mich zu und umklammert meinen linken Arm mit Schraubstockgriff. Er ist groß und stark. Der Mann wird mich schrecklich verprügeln, wenn ich nichts unternehme. Außerdem hat er mein Gesicht gesehen. Flink zücke ich mein Messer und ramme ihm die Klinge ins Herz. »Was sagst du nun, Großmaul?« Während er leise zusammensackt, lockert sich sein Griff und sein Blick wird fahrig. Ich ziehe mein Messer aus ihm heraus, wische die Klinge beidseitig an seiner Unterhose ab und lasse ihn zu Boden gleiten.

»Ulf?« Die Stimme der Frau im Käfer ist zittrig vor Angst. Ich weiß, wie sie klingen, wenn sie Angst haben. Sie lugt aus dem Wagen und sieht mir ins Gesicht. Eine dunkelblonde Schönheit um die zwanzig. Die Frau hält ihre Arme vor der Brust überkreuzt. Ich erhebe mich und stelle mich vor die offene Beifahrertür. Sie presst die Knie ihrer bestrapsten Beine eng zusammen. Im Fußraum liegt ihre Unterhose, ich bücke mich danach, nehme sie und betrachte sie ausführlich. »Wie heißt du?«, frage ich sie.

Zitternd kneift sie ihre Schenkel zusammen und verkrampft ihre Arme vor der Brust. »Tun Sie mir nichts.«

Ihr Wimmern macht mich geil. »Ich habe gefragt, wie du heißt.«

»Verena.«

Ich muss tief Luft holen, so sehr hämmert mein Herz. Dann halte ich ihre Unterhose vor meine Nase, »Verena.« Sie schaut mich ungläubig an. »*Ve – re – na und U – hulf, verliefen sich im Wald. Sie fickten im Auto, da kam der Walter bald*«, singe ich die Melodie von Hänsel und Gretel. Verena kullern Tränen übers Gesicht, sie zittert am ganzen Körper. Ich kann mich nicht länger beherrschen, lasse meine Hände vorschnellen, um sie zu würgen. Doch dieses Mädchen wehrt sich, wie eine Katze. Während des Kampfes kann ich ihren Busen in voller Pracht sehen und auch die Haare in ihrem Schritt. Ich bekomme ihren Hals einfach nicht richtig zu packen. Plötzlich kreischt sie so laut, dass es mir in den Ohren wehtut. »Halt die Fresse!«, brülle ich wütend und schlage ihr ins Gesicht. Das hat gesessen. Aber sie kreischt nochmals, wieder beißt ihr Schrei in meinen Trommelfellen. Ich ramme ihr mein Messer in den Körper und hole aus, um ihr in die Fresse zu hauen. Stattdessen packt jemand meine Hand und zerrt mich von Verena weg. »Was geht hier vor?« Ein Mann in Zimmermännerkleidung steht vor mir.

»Er hat ein Messer«, ruft Verena dem Zimmermann mit zittriger Stimme zu – ich hätte zweimal zustechen sollen. Der Zimmermann nimmt sofort eine Kampfhaltung ein, wirft seinen Hut beiseite und winkt mich mit wedelnden Fingern zu sich. »Na gut, Freundchen. Dann wollen wir mal sehen, wie gut du damit umgehen kannst.«

Ich habe mein Lieblingsmesser noch in der Hand, halte es drohend vor mich und schiebe mich mit dem Rücken am

Wagen entlang weg. Plötzlich schnellt der Zimmermann auf mich zu und verpasst mir einen Faustschlag ins Gesicht, der mich Sterne sehen lässt. Ich stoße mein Messer vor, doch der Zimmermann ist längst zurückgetreten. Meine Unterlippe ist aufgeplatzt, ein Schneidezahn liegt in meinem Mund. Ich spucke ihn mitsamt Blut erschrocken aus. Mit vorgehaltenem Messer gehe ich rückwärts, taste dabei mit der Zunge über die scharfkantige Bruchstelle. Ich spucke eine weitere Fuhre Blut aus. Noch mal wird der Kerl mich nicht überraschen, ich renne um mein Leben. Als ich weit genug entfernt bin, drehe ich mich um. Ich habe ihn abgehängt.

Ich schaue zig Mal hinter mich, bis ich sicher bin, dass niemand mir gefolgt ist. Erst dann steuere ich mein Wohnhaus an, schaue nochmals hinter mich und gehe hinein. Kurz bleibe ich im Dunkeln stehen, um zu verschnaufen. Noch immer blute ich an der Lippe und an dem abgebrochenen Zahn. Ich halte meinen Jackenärmel vor den Mund, um keine Blutflecken im Haus zu hinterlassen. Die Tiemann würde sonst wieder neugierig werden. Vor der Wohnungstür von ihr bleibe ich kurz stehen. Ich bin in bester Laune ... Aber das Blut in meinem Mund hält mich davon ab, sodass ich meine eigene Wohnungstür aufschließe, und schnell darin verschwinde. Ich renne ins Badezimmer, beuge mich übers Waschbecken und spucke. Als unter laufendem Wasser die Blutung endlich aufhört, schaue ich in den Spiegel. Meine Augen sind zugeschwollen und meine Lippe ist dick. Als ich die Oberlippe hochziehe, klafft mir die Zahnlücke entgegen. Ich schließe die Augen. Wenigstens habe ich Verenas Unterhose in der Jackentasche. Damit werde ich mich jetzt trösten.

KAPITEL EINUNDZWANZIG

Bravo-Rufe und Applaus begleiten Hölzer und Bruno, als sie den Zimmermann Günter Henschel aufs Revier bringen. Jeder hier hat inzwischen davon gehört, dass ein neues Verbrechen des Serienmörders verhindert wurde. Der Zimmermann ist mehrfach als Kneipenschläger aktenkundig geworden. Aber heute ist er ein Held, der seinen Ruhm genießt. Hölzer bringt den Mann in den Glaskasten. »Setzen Sie sich«, fordert er ihn auf und schiebt ihm den Besucherstuhl zurecht. Der Zimmermann nimmt Platz, Bruno muss stehen.

»Herr Henschel, Sie haben vor Ort ausgesagt, dass Sie den Täter gesehen haben. Würden Sie den Mann wiedererkennen?«

»Klar.«

»Gut. Sind Sie in der Lage, unserem Zeichner Angaben zum Aussehen des Mannes zu machen?«

»Klar.«

Hölzer hatte schon einige Male mit Günter Henschel zu tun und weiß daher, dass der prügelnde Zimmermann kein Meister großer Worte ist.

»Sehr gut. Dann möchte ich Sie in einen Nebenraum bitten.« Bruno begleitet den Zeugen zum Zeichner, der ihn sofort bittet, draußen zu warten. Daher kehrt Bruno zurück in den Glaskasten. Er erwartet dort einen überglücklichen und euphorischen Ewald Hölzer. Als er die Tür öffnet, erschreckt er. Hölzer hat wieder diese ungesunde Gesichtsfarbe. Aber Bruno will ihn nicht schon wieder mit gut gemeinten Ratschlägen nerven, die Hölzer sowieso in den Wind schlägt.

»Bruno, weißt du, was das bedeutet?« Hölzers Blick wird wässrig, als er sich erhebt und Bruno beide Hände auf die Schultern legt. »Wir haben einen Zeugen, der den Täter beschreiben kann. Wir bekommen ein Bild des Täters. Bruno, jetzt kriegen wir ihn!« Hölzer setzt sich wieder. »Ich hoffe nur, dass Verena Drees es überlebt. Gibt es Neuigkeiten zu ihrem Zustand?«

»Sie hat die Notoperation überlebt und liegt auf der Intensivstation. Ich habe die Ärzte gebeten, uns zu informieren, wenn sie ansprechbar ist. Ich werde auch gleich noch mal hinfahren und nach ihr sehen.«

»Sehr gut. Wenn sie es schafft, haben wir sogar zwei Zeugen, die ihn genau gesehen haben. Das ist gerichtsverwertbar.«

Es klopft, Bruno öffnet. Der Zeichner reicht die Zeichnung herein, Bruno nimmt sie entgegen.

»Kommen Sie rein«, ruft Bruno. Der Zeichner und der Zimmermann stellen sich vor den Schreibtisch. Bruno reicht Hölzer das Porträt. Der Kommissar schaut lange darauf, ohne ein Wort zu sagen. Dann nickt er. »Du bist das also.« Hölzer erhebt sich und reicht dem Zeichner die Hand. »Das ist großartig geworden, beinahe, wie ein Bild. Fantastisch.« Hölzer wendet sich dem Zimmermann zu. »Wie ähnlich ist das Bild dem Aussehen des Täters?«

»Wie ein Foto.«

Hölzer grinst breit und drückt auch dem Zimmermann dankbar die Hand. »Klasse. Jetzt haben Sie beide Ihren Feierabend mehr als verdient.« Er bugsiert die Männer aus dem Glaskasten, klebt das Bild zu den vielen anderen, lässt sich in seinen Stuhl sinken und starrt darauf. »Jetzt kriegen wir dich!«

KAPITEL ZWEIUNDZWANZIG

Mein Kopf dröhnt dermaßen und mir ist kotzübel. Eigentlich bin ich seit meiner Kindheit Schläge gewohnt. Aber dieser verdammte Zimmermann hat mich zu Tode erschreckt und mir einen Zahn ausgeschlagen. Wo kam dieser Hüne überhaupt so plötzlich her?

Mein Zahn hat die Lippe komplett durchbohrt und die Narbe reißt bei der kleinsten Mundbewegung wieder auf. Aus meinem Oberkiefer ragt der scharfkantige Rest meines Schneidezahns, den ich ständig mit der Zungenspitze abtaste, obwohl ich das gar nicht will. Endlich ist die Blutung einigermaßen zum Stillstand gekommen, sodass ich in mein Zimmer gehen kann. Ich muss mich ein wenig entspannen. Erschöpft lege ich Verenas Unterhose auf das Bett. Nummer zehn. Ein Jubiläum. Gerade, als ich meine Hose geöffnet habe und es mir gemütlich machen will, klingelt es an der Tür. Ich ignoriere das, aber es klingelt erneut. Diesmal länger als zuvor. Das ist mit Sicherheit wieder die Tiemann, diese neugierige Ziege. Sie wird garantiert nicht aufgeben, bis ich öffne, denn sie hat – wie immer – hinter dem Türspion gestanden und weiß, dass ich zu Hause bin. Wütend erhebe ich mich, ziehe den Reißverschluss meiner Hose zu und gehe Richtung Tür. Kurz muss ich stehen bleiben, denn mein Puls hämmert in meinem abgebrochenen Zahn und im Kopf. Abermals dieses nervende Klingeln! Ich gehe weiter, reiße die Tür auf. Es ist tatsächlich die Tiemann. Wer auch sonst. Sie stemmt ihre Fäuste in die fetten Hüften. »Der Geruch wird immer schlimmer, Herr Saubert! Wenn Sie nicht umgehend dafür sorgen, dass sich das ändert, werde ich die Hausverwaltung informieren.« Sie glotzt nachdenklich auf meine aufgeplatzte Lippe. In Gedanken zappelt sie in meinem Würgegriff. Ich funkele sie hasserfüllt an.

»Das ist meine letzte Warnung, Herr Saubert«, sagt sie ängstlich, wendet sich um und stampft zu ihrer offenstehenden Wohnungstür. Flink ziehe ich meinen Wohnungsschlüssel ab, stecke ihn in die rechte Hosentasche (links steckt Papas Glasauge), ziehe meine Wohnungstür ins Schloss und husche ihr hinterher. »Ah!«, kreischt sie, als sie mich hinter sich bemerkt. Ich schubse sie vorwärts in ihre Wohnung. Sie stolpert und klatscht vornüber mit dem Gesicht auf den Boden. Flink schließe ich die Tür hinter uns.

»Hilfe«, schreit sie sofort und versucht dabei, sich umzudrehen. Aber ich bin schneller und ramme ihr meine Knie in den Rücken. Sie stößt einen albernen Laut aus, dann röchelt sie. »Was wollen Sie von mir?«

»Halte dein Maul!«

»Ja ja«, wimmert sie. »Bitte tun Sie mir nichts. Ich werde auch der Hausverwaltung nichts sagen.«

Als wenn ich es dazu kommen lasse. Die Tiemann so vor mir liegen zu sehen, löst ein Glücksgefühl in mir aus. »Keine Bewegung und keinen Laut, kapiert?«, befehle ich ihr.

»Ja.«

Ich erhebe mich, stelle mich zwischen ihre Beine und schiebe mit dem Fuß ihren Rock höher.

»Was haben Sie vor?«

»Halts Maul, habe ich gesagt.« Ich trete ihr in den Rücken, sie stöhnt vor Schmerz, das erregt mich.

»Sie können mit mir machen, was Sie wollen. Nur lassen Sie mich am Leben.«

Vielen Dank für die Erlaubnis, die dumme Sau. Wortlos öffne ich meine Hose, ziehe sie herunter und knie mich zwischen ihre Beine. Sie soll mit der Fresse nach unten liegen bleiben, ich kann ihr dämliches Maul nicht leiden. Grob schiebe ich ihren Rock über ihren fetten Arsch, reiße ihre Unterhose herunter und ramme mein Ding in sie hinein. Sofort rammele ich los. Die Tiemann stöhnt. Das klingt eindeutig nicht nach Schmerzstöhnen. Der alten Sau gefällt mein Schwanz. Es dauert bei ihr länger als bei den Mädchen. Vielleicht, weil sie die Erste ist, die ich lebend ficke. Nach ewigen Minuten spritze ich endlich ab, erhebe mich und schließe meine Hose. Ich werde nie wieder eine Lebende ficken. Voller Wut setze ich mich auf ihren Rücken, lege meine Finger um ihren Hals und presse zu. Sie zappelt wie verrückt, mehrmals muss ich nachfassen und neu zudrücken. Beinahe gelingt es ihr, mich von sich zu stoßen. Das ist mein nächster Fehler: Von hinten zu würgen ist viel schwieriger als von vorne. Plötzlich sickert wieder Blut aus meinem Mund und tropft auf den Rücken der Tiemann. Allmählich habe ich keine Kraft mehr in den Händen, verdammt, ich hätte sie von vorn würgen sollen. Ich greife blitzschnell nach dem schwarzen Kabel der Stehlampe und reiße es zu mir. Die Lampe kippt krachend um, die Tiemann schreit. Ich trete ihr in die Rippen, lege das Kabel um ihren Hals und zerre die Schlaufe zu. Die Tiemann wehrt sich wie ein zappelnder Aal. Meine Wunde an der Lippe blutet immer stärker. Hätte ich mein Messer dabei, würde ich kurzen Prozess machen. Das ist eine Idee! Mit aller Kraft zerre ich die Tiemann an dem Kabel Richtung Küche. Sie macht mir echt zu schaffen. Sie klammert ihre Finger zwischen Kabel und Hals und strampelt wild mit den Beinen.

Wenigstens kann sie nicht mehr schreien. In der Tür zur Küche hält sie sich mit beiden Händen an der Türzarge fest. Ich bekomme sie nicht weiterbewegt. Die Schublade mit den Messern ist noch drei Schritte entfernt. Ich verstärke meinen Zug an dem Kabel, doch sie krallt sich weiterhin an der Zarge fest. Wir ringen Sekunde um Sekunde, sie in die eine Richtung, ich in die andere. Wenn ich loslasse, um ein Messer zu ergreifen, wird sie wieder schreien. Auf keinen Fall will ich meinen jetzigen Vorteil aufgeben, ich habe sie in der Schlinge und zerre mit aller Kraft. Ich bin völlig außer Atem. Immer wieder muss ich Blut spucken, das aus der klaffenden Wunde meiner Lippe spritzt. Plötzlich erschlafft die Tiemann. Zunächst halte ich das Kabel weiter unter Zug. Ich muss nur eine Minute lang aushalten, bis sie wirklich tot ist. Nach der Minute lege ich noch einige Sekunden obendrauf. Die Tiemann ist ein zähes Luder. Dann lasse ich langsam nach. Aber ich bleibe wachsam, falls sie nur simuliert hat. Nach weiteren fünf oder sieben Minuten, in denen ich mit dem Kabel um die Fäuste gewickelt daliege, lasse ich mich endgültig auf den Rücken fallen. Ich bin fix und fertig. Meine Brust hebt und senkt sich schnell unter meinem Atem.

Nachdem ich kurz eingenickt bin, taste ich nach dem Glasauge in meiner Hemdtasche. Es ist unversehrt. Auf dem Rücken liegend nehme ich es in die Finger, sehe in die Glaspupille und drehe es dann zu der Toten. »Schau mal Papa, die Tiemann ist endlich hin.«

KAPITEL DREIUNDZWANZIG

Hölzer schlägt energisch seine Faust in die andere Handfläche. »Bruno, wir haben eine Phantomzeichnung und wir haben einen Zeugen, ich kann unser Glück kaum fassen.« Er deutet dem Zimmermann hinterher. »Der kippt vor Gericht nicht um, der sagt aus! Und wenn Verena Drees überlebt, haben wir sogar zwei Zeugen. Das ist der Durchbruch, auf den wir hingearbeitet haben, Bruno!« Hölzer ist völlig aus dem Häuschen.

Bruno ist im Grunde genauso euphorisch, wie Hölzer. Aber er denkt auch an den ramponierten Gesundheitszustand seines Chefs, der sich besser nicht so aufregen sollte. Doch Hölzer hat recht, wenn das kein Moment zum Feiern ist, welcher dann?

»Jetzt müssen wir noch mal richtig Gas geben. Also. Verteilen wir das Phantombild an alle Polizeistationen und an alle Zeitungsredaktionen. Wir brauchen eine Druckerei, die uns das Bild vervielfältigt. Wir brauchen Leute, die diese Bilder dann überall in der Stadt aushängen.« Hölzer zuckt kurz zusammen. »Ich muss mit Senator Gräfe reden, er muss uns jeden verfügbaren Mann zur Verfügung stellen.« Abermals zuckt Hölzer, kneift die Lider zusammen und greift an seine Brust.

»Was ist mit dir?«, ruft Bruno panisch, eilt zu seinem Chef und hält ihn in letzter Sekunde. »Hölzer, mach jetzt keinen Scheiß!« Bruno lässt Hölzer in seinen Stuhl sinken, dann reißt der die Tür auf. »Einen Krankenwagen, schnell!«

Stutz greift sofort zum Hörer.

Bruno überlegt es sich schnell anders. »Mücke, fasse mit an, wir fahren ihn selbst ins Urban-Krankenhaus.«

Ein schreckliches Déjà-vu.

Sofort ist Mücke neben Bruno, packt Hölzer, als würde der ein Leichtgewicht sein. Mücke und Bruno tragen Hölzer hinaus. Stutz, der den Anruf bei der Feuerwehr beendet hat, rennt vor und öffnet die Wagentür. Während Bruno und Mücke den Bewusstlosen auf den Beifahrersitz bugsieren, wirft Stutz den Motor an und braust los. »Los, Mücke. Einen zweiten Wagen, wir fahren hinterher.« Mit Blaulicht und Martinshorn preschen die beiden Polizeifahrzeuge durch die Straßen, erreichen das Krankenhaus Am Urban in Rekordzeit. Stutz rennt hinein, um eine Trage zu holen, drinnen brüllt er nach einem Arzt. Augenblicklich sind zwei Sanitäter an seiner Seite. »Vermutlich Herzinfarkt«, ruft Bruno den Sanitätern vom Wagen her entgegen. Gemeinsam zerren sie Hölzer auf die Trage. Im Laufschritt schieben sie Hölzer ins Gebäude. »Zurückbleiben!«, brüllt einer der Sanitäter Bruno an, als die Trage mit Hölzer in den Intensivbereich geschoben wird. Die Türflügel schlagen vor Bruno zu. Außer Atem steht er da und starrt darauf. Mücke legt ihm die Hand spürbar auf die Schulter. »Lass uns dort warten.« Bruno lässt sich in den Warteraum führen. Er ist zu keinem klaren Gedanken in der Lage. Hölzer sah dieses Mal furchtbar aus. So furchtbar, dass Bruno das Schlimmste befürchtet. Ihm laufen Tränen über die Wangen, sein Herz krampft vor Seelenschmerz. Das wäre so ungerecht, der Serienmörder scheint zum Greifen nahe.

Das ist alles, worauf Hölzer und er mit aller Kraft hingearbeitet haben.

Die Zeit scheint stehen geblieben zu sein. Bruno geht schon wieder nervös zur Anmeldung. Bevor er die Diensthabende erneut mit Nachfragen nerven kann, öffnet sich die Doppeltür der Intensivstation. Ein Arzt im weißen Kittel kommt heraus, geht auf Bruno zu. Der Arzt hat eine besorgniserregende Miene. »Er hat es leider nicht geschafft. Es tut mir leid.«

Brunos Knie werden weich. Der Arzt stützt ihn und führt ihn zu einem Stuhl. »Ich hole Ihnen ein Glas Wasser.« Der Arzt verschwindet rasch.

Mücke und Stutz nehmen neben Bruno Platz. Die drei Polizeibeamten sitzen paralysiert da, keiner bringt ein Wort heraus, keiner will begreifen, was der Arzt gerade gesagt hat. »Scheiße!«, flucht Mücke. Auch dem knallharten Mücke laufen Tränen übers Gesicht. Der Arzt kommt zurück, reicht Bruno das Glas Wasser. Bruno nimmt es mechanisch.

»Ich muss wieder zurück auf die Station, wir haben den nächsten Notfall.«

Bruno erhebt sich und tritt nahe vor den Arzt. »Haben Sie auch alles unternommen, um ihn zu retten?«

»Selbstverständlich. Allerdings war Herr Hölzer schon tot, als er eingeliefert wurde. Wir konnten ihn zwar mit einem Defibrillator wiederbeleben. Aber sein Herz war zu geschwächt.«

Mit brüchiger Stimme fordert Bruno. »Ich will ihn sehen!«

Der Arzt zögert kurz. Bruno weiß genau, was im Kopf des Mediziners vor sich geht, er will nur Verwandten weitere Informationen geben. »Wir sind nicht nur Kollegen, verstehen Sie? Er ist wie ein Vater für uns.«

Der Arzt schaut die drei Polizisten an, atmet dann tief durch. »Kommen Sie mit.«

Der Blick in den sterilen Raum schnürt Bruno die Kehle

zu. Hölzers Leiche liegt auf einem Behandlungstisch in der Mitte des Raumes. Ein weißes Tuch deckt ihn vollständig ab. Sein Bäuchlein wölbt sich unter dem Tuch – *du hättest gesünder leben müssen!* Der Arzt ergreift die Enden des Tuches und legt Hölzers Kopf frei. Bruno, Mücke und Stutz treten näher. Hölzers Augen sind geschlossen. Sein Gesicht wirkt wächsern. Bruno würde sich wünschen, dass Hölzer friedlich aussieht. Aber das ist nicht der Fall. Seine Miene wirkt gequält. Bruno geht nahe heran, legt seine Hand zitternd auf die Brust seines Chefs. »Hölzer, was machst du für einen Scheiß? Wie soll es jetzt ohne dich weitergehen?«

Der Arzt hat den Männern viel Zeit gelassen, von ihrem väterlichen Chef Abschied zu nehmen. Eine Schwester ist statt seiner bei ihnen. Mücke ist der Erste, der das Schweigen bricht. »Lass uns zurück aufs Revier fahren, Bruno.«

Abermals krampft Brunos Herz unter dem Gefühl, Hölzer nun allein zu lassen. Schließlich wendet er sich ab und geht aus dem sterilen und kalten Raum. Einmal sieht er noch zurück. Mücke nimmt ihn in den Arm. »Komm, Bruno.«

* * *

Draußen setzt Bruno sich apathisch auf den Beifahrersitz. Mücke sagt während der Fahrt zweimal etwas, Bruno hört nicht hin und antwortet nicht. Seine Gedanken kreisen um Hölzer. Immer wieder sieht er das Raubein vor sich und fragt sich, ob er, Bruno, hätte einschreiten müssen. »Hätte ich ihn ausbremsen müssen, Mücke? Wenn ich mehr auf ihn geachtet hätte, würde er vielleicht noch leben.«

Mücke stößt einen spottenden Ton aus. »Glaubst du das wirklich? Wer oder was hätte einen Ewald Hölzer denn bremsen können, und wie? Ne, Bruno, den Schuh musst du dir nicht anziehen. Hölzer war ein Rammbock, der sich von niemandem etwas sagen ließ.«

Dass Mücke das Wort *war* benutzt hat, kommt Bruno völlig unwirklich vor. Aber in der Sache hatte Mücke recht. Niemand hätte Hölzer bremsen können.

Mücke durchfährt die Schranke zum Polizeigelände Golßstraße langsam, stellt den Funkwagen ab und steigt aus. Bruno folgt ihm. Sie betreten die Wachstube. Stille. Voller Erwartung starren die Kollegen Bruno schweigend an. Bruno, dessen Kehle wie zu geschnürt ist, macht eine verneinende Geste. »Er hat es nicht geschafft.« Dann verzieht er sich in den Glaskasten, wirft die Tür hinter sich zu und bleibt mitten im Raum stehen. Es ist still. Ohne Hölzer wird es nie wieder so sein, wie es war.

Hölzers Stuhl steht nicht an seinem Platz. Bruno geht um den Schreibtisch herum und rückt ihn zurecht. Dann tritt er wieder vor Hölzers Schreibtisch – an seinen Platz und setzt sich. Wozu all das? Er hätte sich einen anderen Beruf aussuchen sollen. Einen, in dem man pünktlich nach Hause kommt, das Privatleben nicht mit hineingezogen wird und in dem man nicht vor Ärger und Druck in den Tod getrieben wird.

Bruno hatte den Beruf des Kriminalkommissars gewählt, weil er für die Gerechtigkeit kämpfen wollte. Aber war diese Vorstellung noch realistisch? Konnte er wirklich für Gerechtigkeit sorgen? Wenn ja, was hatte Hölzer am Ende davon gehabt? War es etwa gerecht, dass er als junger Mann schon seine Frau verloren hat und nun von einem Infarkt dahingerafft wurde? Bruno fasst einen Entschluss: Er wird kündigen. Noch ist es nicht zu spät, er ist noch keine dreißig, da kann man noch einen anderen Weg gehen. Welchen? Keine Ahnung. Nur diesen nicht mehr. Er erhebt sich.

Die Tür zum Glaskasten öffnet sich schwungvoll, Senator Gräfe tritt ein. Zum ersten Mal wirkt der Senator, als verfüge er über menschliche Regungen. Er schließt die Tür leise, stellt sich vor Bruno und legt beide Hände auf Brunos Schultern. »Ich kann gar nicht zum Ausdruck bringen, wie erschüttert ich bin, Herr Renz.« Senator Gräfe setzt sich mit dem Hintern auf Hölzers Schreibtisch.

»Ich werde kündigen, Herr Senator.«

Der Senator ist sichtlich überrumpelt, fängt sich aber nach einigen Sekunden. »Auf gar keinen Fall. Sie sind ein exzellenter Kriminalkommissar. Wir brauchen Sie hier.«

»Ich habe es mir gut überlegt, Herr Senator. Es ist ein undankbarer Beruf, wie man am Tod des Kollegen Hölzer sieht. Er hat sich sein Leben lang für die Arbeit als Kriminalkommissar aufgeopfert. Und was hat er am Ende davon gehabt? Ein Leben ohne Privatleben, keine Freunde und einen zu frühen Tod. Finden Sie wirklich, das ist ein erstrebenswertes Lebensziel?«

Senator Gräfe zieht Hölzers Stuhl um den Schreibtisch herum, neben Bruno und setzt sich dicht vor ihn.

»Herr Renz, Herr Hölzer war Ihr Förderer. Sie hatten ein enges Kollegenverhältnis. Da ist es völlig normal, dass Sie jetzt niedergeschlagen sind. Meinen Sie nicht?«

Bruno nickt beiläufig. Eigentlich will er das Gerede nicht hören.

»Aber wenn Sie einmal ganz tief in sich hineinhorchen, würden Sie dann sagen, dass Kollege Hölzer gewollt hätte, dass Sie gehen?« Gräfe lässt eine gekonnte Sprechpause. »Warum hat Hölzer einen solchen Narren an Ihnen gefressen, hat Sie unter seine Fittiche genommen? Er hätte gewollt, dass Sie diesen schrecklichen Serienmörder zur Strecke bringen.«

Abermals lässt Gräfe eine Pause. In Brunos Kopf rattert es gehörig. Dass Hölzer ihm die Idee mit der Kündigung ausreden würde, steht außer Frage. Hölzer würde ihm den Marsch blasen. Aber Bruno wäre auch niemals auf diese Idee gekommen, wenn es Hölzer noch geben würde. Er lässt den Kopf hängen.

»Bitte, Herr Renz. Sie sind am besten in den Fall eingearbeitet. Oder soll es morgen das nächste Opfer geben?«

Bruno richtet seinen Kopf hoch und sieht Gräfe an. »Selbst wenn ich weitermache, so kann ich doch nicht garantieren, dass es morgen keinen weiteren Mord gibt.«

Gräfe legt seine Hände abermals auf Brunos Schultern. »Natürlich nicht. Aber Sie sind dran an dem Kerl. Und Sie werden ihn kriegen. Aber wenn Sie jetzt alles hinschmeißen, dauert es nur länger, bis sich jemand eingearbeitet hat und es kostet womöglich noch mehr Opfer. Renz, geben Sie sich einen Ruck.« Senator Gräfe lehnt sich wieder zurück. Bruno wünscht sich, dass Hölzer den Senator so bettelnd sehen könnte. Dieses arrogante Arschloch hat Hölzer das Leben schwer gemacht, wo er nur konnte. Jetzt könnte Bruno dafür sorgen, dass Hölzer eine späte Genugtuung bekommt. Eine Rache. Er müsste nur standhaft bei seinem Nein bleiben. Dann würde Senator Gräfe in dickste Schwierigkeiten geraten. Bruno könnte dem Reporter Kalle Gärtner Details stecken, wie sich Gräfe verhalten hat. Das wäre was. Aber in einem Punkt hat dieses Arschloch recht: Hölzer würde wollen, dass Bruno den Serienmörder endgültig zur Strecke bringt. »Also gut. Ich mache weiter.«

Senator Gräfe erhebt sich beglückt. »Bravo! Genauso hätte Hölzer Sie sehen wollen.« Auch Bruno erhebt sich. Der Senator schüttelt ihm überdreht die Hand. »Ich werde täglich bei Ihnen vorbeischauen, Herr Renz. Wenn Sie Unterstützung benötigen, bekommen Sie die.« Der Senator reißt die Tür auf, bleibt kurz stehen und wendet sich Bruno zu. »Die Öffentlichkeit soll erfahren, dass es dem Mörder bald an den Kragen geht.« Dann schließt er die Tür des Glaskastens.

Bruno lässt sich auf seinen Stuhl fallen. Er hockt schlaff da und schaut auf Hölzers leeren Stuhl hinter dem Schreibtisch gegenüber. Wie oft war er sauer, wenn Hölzer das Ruder grob in die Hand genommen hat. Wie oft hatte Bruno innerlich geflucht und gedacht, dass dieser Griesgram sich gefälligst eine andere Art angewöhnen sollte. Nun aber fehlen ihm die Impulse, die der alte Hase immer irgendwie auf seine eigene Art gegeben hat. Wie sollte er weitermachen?

»Bruno?« Mücke steckt den Kopf zur Tür rein, tritt dann ein. Stutz folgt ihm. Bruno bleibt sitzen. »Was ist?«

»Wir wollten dir nur sagen ... also wir sind weiterhin an deiner Seite.«

Bruno erhebt sich. »Danke Männer. Das bedeutet mir viel.«

Mücke und Stutz gehen wieder. Bruno starrt über die unzähligen Fotos, mit denen er Hölzers Büro zugepflastert hat. Wie oft hatte Hölzer das belächelt. Aber sehr schnell hat er den Sinn und den Vorteil erkannt und sogar mittapeziert. Bruno lächelt. Er beginnt, alles noch einmal im Kopf zu sortieren.

Stunde um Stunde geht er alles immer wieder durch. Spätabends hat er alles in seinem Kopf sortiert und nimmt sich für den nächsten Tag vor, mit dem Phantombild in der Tasche loszugehen und Menschen in der Umgebung zu befragen. Irgendjemand muss diesen Kerl kennen. Irgendjemand muss wissen, wo er sich aufhält.

Mitternacht. Der zweite Schichtwechsel, den Bruno mitmacht. Über Nacht sind nur halb so viele Kollegen auf dem Revier, wie tagsüber.

Um zwei Uhr früh drehen sich Brunos Gedanken aussichtslos im Kreis. Er reibt seine vor Müdigkeit brennenden Augen. Nein, er wird nicht nach Hause fahren. Er wird hierbleiben, hier, wo alle Informationen eintreffen und wo Entscheidungen gefällt werden müssen. Bruno legt sich auf den Boden. Nur ein kurzes Nickerchen.

Die Bürotür wird krachend aufgestoßen, Bilder fallen von der Wand. Bruno schreckt hoch. Mücke verharrt kurz, dann reicht er Bruno die Hand. »Aufstehen. Sie ist wach geworden.«

Bruno lässt sich von Mücke spielerisch hochziehen. Die Rippen und die Hüfte seiner rechten Seite schmerzen. »Wer ist wach geworden?«

»Verena Drees! Wir müssen sofort zu ihr.«

Augenblicklich ist Brunos Blut voller Adrenalin. Er rennt Mücke hinterher. Mit Blaulicht rast Mücke los. Die Männer reden nicht. Verena Drees wäre die zweite Zeugin, die den Serienmörder beschreiben kann. »Damit dürfte ein Gerichtsprozess endgültig wasserfest sein, oder?«, fragt Mücke, während er angestrengt auf die Straße sieht.

»Ja. Das ist gut«, sagt Bruno, denkt aber: *Dafür müssen wir ihn aber erst einmal haben*. Doch er wird Mücke nicht demotivieren.

Zwei Kollegen bewachen Verena rund um die Uhr. Sie grüßen polizeilich. Bruno und Mücke betreten das Krankenzimmer. Ein Arzt redet mit Verena, und eine Krankenschwester steht am Fußende des Bettes. Der Arzt stellt sich Bruno sofort in den Weg. »Bitte verlassen Sie das Zimmer. Frau Drees braucht noch viel Ruhe.«

»Nur ein kurzes Gespräch, Herr Doktor. Es ist wirklich wichtig.«

Der Arzt nähert sich Bruno und spricht leise. »Frau Drees hat nicht nur körperlich schwere Verletzungen. Sie musste auch mitansehen, wie ihr Begleiter ermordet wurde. Wenn Sie also jetzt bitte gehen würden! Versuchen Sie es morgen, Herr Kommissar!«

»Bitte, Doktor, ich würde nicht drängen, wenn es nicht so wichtig wäre.«

Verena regt sich. Sie hebt den Kopf ein winziges Stück, verzieht eine schmerzverzerrtes Miene. Bruno schluckt schwer beim Anblick der jungen Frau. Ihr Gesicht weist mehrere Blutergüsse auf, ihr Blick ist verängstigt. »Ich kenne ihn«, krächzt sie heiser.

Der Arzt wendet sich um und geht zurück an ihr Bett. Er fühlt den Puls. Verena winkt Bruno mit schwacher Bewegung zu sich heran. »Meine Stimme …« krächzt sie. Bruno kniet sich vors Bett, ist nahe bei ihrem Gesicht. »Er heißt Walter Saubert.«

Sofort zückt Bruno seinen Notizblock und kritzelt hektisch hinein. »Woher kennen Sie ihn?«

»Charité … ich arbeite dort. Er auch.«

Bruno zerrt das Phantombild aus der Tasche und zeigt es Verena. »Ist er das?« Das Bild zittert in Brunos Händen.

Sofort rollen Tränen über das Gesicht der Frau. »Ja.«

»Danke, Frau Drees. Danke!« Bruno will ihr tröstend die Hand streicheln, zieht aber seine Finger wieder zurück und erhebt sich. Hastig verlässt er das Krankenzimmer und eilt im Laufschritt zurück zum Funkwagen. »Mücke, rufe auf dem Revier an. Sie sollen die Adresse von diesem Walter Saubert erfragen und uns mitteilen.« Mücke nimmt auf der Fahrerseite Platz und telefoniert. Bruno geht vor dem Wagen auf und ab.

Fünfzehn Minuten können eine Ewigkeit sein. Bruno könnte platzen vor Anspannung, hält sich aber vor Mücke zurück. Allmählich begreift er, warum Hölzer ein Säufer und Kettenraucher war, ihm wäre jetzt auch danach zumute.

»Verstanden.« Mücke legt den Telefonhörer in die Gabel des Autotelefons auf dem Armaturenbrett. Er hält Bruno den Zettel mit der Adresse aus dem Wagen heraus hin. Bruno beugt sich ihm entgegen, nimmt den Zettel und liest. So nahe und doch so fern. »Rufe noch mal auf dem Revier an. Alle verfügbaren Wagen sofort dort hin. Und ein Krankenwagen soll in der Nähe bereitstehen. Nein, ich telefoniere!« Bruno steigt hastig ein. »Gib Gas, Mücke!«

KAPITEL VIERUNDZWANZIG

Zuerst dachte ich, dass es ein Fehler war, die Tiemann abzumurksen. Aber seit ich es gestern getan habe, lebt es sich ohne die nervenden Quengeleien der Alten viel besser. Ich habe wunderbare Laune und räume mit frischem Elan in der Küche auf. Die Eingeweide und Fleischstücken zerteile ich in kleine Stücke und spüle sie im Klo herunter. Ich bin deshalb heute extra nicht zur Arbeit gegangen, zu Hause ist viel zu tun. Um Geld muss ich mir keine Sorgen mehr machen. In der Wohnung der Tiemann habe ich einen schönen Batzen Scheinchen gefunden, damit komme ich 'ne ganze Weile gut über die Runden.

Zack, der nächste Brocken ist zerteilt. Ich gehe damit zum Klo. Seit heute Morgen läuft das Wasser nicht mehr so richtig ab. Die Fleischstücke lasse ich hineinplumpsen, ziehe an der Kette des Spülkastens und gehe zurück zur Küche. Im Kochtopf simmern Herz und Nieren von der Tiemann. Ich konnte nicht widerstehen. Leider habe ich immer noch keine Lorbeerblätter. Ich glaube, ich werde vergesslich. Papas Auge steht vor mir im Regal an der Wand. Er achtet darauf, dass ich auch alles richtig mache. Ich habe ihm inzwischen gestanden, dass es kein Schwein und kein Rind war, was ich ihm die ganze Zeit über zu essen gegeben habe. Klar, er war anfangs nicht begeistert. N*a und?*, habe ich gefragt. W*as willst du nun machen? Verprügeln kannste mich ja wohl kaum.* Wir haben dann gelacht und uns schnell wieder vertragen. Ich glaube, ihm gefällt es auch, wenn wir uns verstehen.

Geräusche mehrerer Autos wecken meine Aufmerksamkeit. Eigenartig. In der Straße haben nur zwei Nachbarn ein Auto. Als ich aus dem Küchenfenster schaue, denke ich, mich trifft der Schlag. Unten stehen drei Polizeiautos und uniformierte Typen rennen auf den Hauseingang zu. Sofort schnappe ich mir Papa und stecke ihn in die Brusttasche, dann greife ich den Schlüssel zur Wohnung der Tiemann. Die Wohnungstür ziehe ich leise einen Spalt breit auf und lausche. Sie schleichen die Treppen hinauf, aber ich kann die Schritte ihrer Stiefel hören. Lautlos ziehe ich meine Wohnungstür zu, flitze herüber zu Tiemanns Tür und schließe auf. Gerade, als ich drinnen bin und die Tür hinter mir verschlossen habe, kracht es. Mein Herz macht einen schadenfrohen Freudensprung. Sie haben die Tür zu meiner Wohnung aufgebrochen, aber ich bin entwischt. Schade allerdings um mein Essen. Ich gehe ins Wohnzimmer der Tiemann. Dort steht ein gemütlich aussehender Ohrensessel, in den ich mich setze. Direkt hinter der Wand, auf die ich sehe, befindet sich meine Wohnung. Ich kann also gemütlich zuhören, wie die Polizisten verzweifelt nach mir suchen, und ich werde es hören, wenn sie wieder abgehauen sind. Dann kann ich zurückkehren und ungestört essen.

Der Sessel ist wirklich bequem. Ich lege die Füße auf den Tisch und nehme Papa aus der Hemdtasche. »Na, bist du stolz auf mich? Die kriegen uns nicht.« Dann verschränke ich die Finger vor meinem Bauch und halte Papa darin. Ich bin müde. Mein Blick fällt auf einen Plattenspieler. Jetzt stehe ich nicht noch einmal auf. Später vielleicht.

KAPITEL FÜNFUNDZWANZIG

Kurz zuvor

Als Mücke den Funkwagen scharf bremst, stehen schon zwei weitere in der Straße. Bruno steigt hastig aus und winkt die Kollegen zu sich. »In der Wohnung im zweiten Stock sind zwei Personen gemeldet: Walter Saubert, unser Verdächtiger und sein Vater Otto Saubert. Wir haben es mit einem gefährlichen Mörder zu tun. Ihr lasst absolute Vorsicht walten, verstanden?«

Alle nicken bestätigend, Mücke schlägt mit der Faust in die andere Hand.

»Und jetzt los!«

Bruno geht voraus. Er deutet mit dem Zeigefinger vorm Mund an, ruhig zu laufen. Der Verdächtige soll auf keinen Fall vorgewarnt werden, Bruno will das Überraschungsmoment auf seiner Seite haben. Sie erreichen die zweite Etage, alle Waffen sind im Anschlag, die Männer verteilen sich zu beiden Seiten der Wohnungstür. Bruno legt sein Ohr daran. Drinnen ist es ruhig. Er gibt Mücke ein Zeichen. Mücke nimmt Anlauf und rammt mit der Schulter gegen die Tür. Mit einem krachenden Bersten schlägt der Türflügel nach innen. Ein beißender Geruch nach Fäkalien und Fäulnis schlägt ihnen geradewegs entgegen. Dennoch rennen die Polizisten hinein, gehen flink von Raum zu Raum. Einer der Kollegen kommt würgend zurück. »Was ist?«, fragt Bruno ihn. Der Mann kann nicht antworten, er hetzt ins Treppenhaus und übergibt sich dort. Ein weiterer Kollege kommt Bruno aus der Küche entgegen, würgt, kann aber das Schlimmste zurückhalten. »Das ist ja widerlich.«

»Ist Saubert hier, hat jemand ihn gefunden?«

»Nein, die Bude scheint leer zu sein.« Nun eilt der Kollege doch in den Flur und übergibt sich ebenfalls. Bruno hält die Waffe im Anschlag und geht von Raum zu Raum. Mücke bleibt dicht hinter ihm. Hinter der zweiten Tür, die Bruno aufstößt, befindet sich ein sehr kleiner Raum. Auf einem Stuhl kauert eine Leiche, die Verwesungsmerkmale aufweist. Bruno hält sich die Armbeuge vor Mund und Nase. Dennoch wabert ihm dieser grauenhafte Gestank in die Nase. Er geht hinein. Die Leiche trägt keine Kleidung, scheint männlich zu sein, Bruno erkennt keinen Busen, dafür aber die vertrockneten Reste eines Gliedes und Hodensacks. Maden wimmeln aus jeder Öffnung und unzählige Fliegen schwirren surrend umher. Immer wieder muss Bruno sich welche aus seinem Gesicht und von den Händen verscheuchen. »Nichts, wie raus hier.«

Bruno und Mücke gehen zur nächsten Tür, das Badezimmer. Auf dem Boden ist eine große Pfütze, das Toilettenbecken ist randvoll mit Wasser. Bruno geht dort hin. Fleischbrocken mit Verwesungsspuren stecken im Abfluss.

»Die Küche musst du dir ansehen.« Stutz steht in der Tür und winkt Bruno zu sich. Die drei betreten die Küche, Stutz deutet auf die vor Maden wabernden Fleischreste neben der Spüle und hält sich die Nase zu.

»Was für eine Hölle.« Bruno ist fassungslos. Derart viel Schmutz und Unrat hat er noch nie gesehen. Auch hier schwirren Fliegen in riesigen Schwärmen umher.

»Und das hier, schau dir das an.« Stutz neigt sich über den dampfenden Kochtopf. Bruno schaut ebenfalls in das Gefäß. Organe und Fleischbrocken tanzen in kochendem Wasser. Er schaltet die Gasflamme aus. Das Fleisch in dem Kochwasser verbreitet keinen Fäulnisgeruch, es ist demnach frisch. »Wenn das menschlichen Ursprungs ist, muss es dazu irgendwo die passende Leiche geben – ein weiteres Opfer.« Genau davor hatte Bruno die größte Angst, als er Senator Gräfe seine Zusage gegeben hatte: eine weitere Leiche, die er zu verantworten hat.

Bruno macht sich an die Arbeit, so viele Beweise und Spuren wie möglich zu sammeln. Er kämpft mehrmals gegen die Übelkeit an. Mücke und Stutz assistieren ihm, die anderen Kollegen hat er zurück zur Wache geschickt. Sie sollen sich gründlich waschen und umziehen, um diesen Gestank loszuwerden. Mücke sorgt dafür, dass der herbeigerufene Fotograf nicht wieder abhaut und genügend viele Bilder schießt. Stutz hat sich indes im Hausflur positioniert und bewacht die Tür. Der Verdächtige muss irgendwo sein. Falls er zurückkehrt, muss ein Polizist sofort zur Stelle sein. Aber Saubert kommt nicht. Stattdessen sind es immer wieder Neugierige, die Stutz vehement des Platzes verweist. Bald scheinen es alle begriffen zu haben und niemand wagt sich mehr in die Nähe. Im Treppenhaus herrscht nun Ruhe. Nur aus der Wohnung des Verdächtigen heraus sind vereinzelt leise Geräusche und die Stimmen von Bruno und Mücke zu hören. Stutz stößt sich von der Wand des Treppenhauses ab, lehnt sich gegen den Türrahmen und späht in die offenstehende Wohnung. Er hat das Gefühl, am ganzen Körper zu kleben und diesen Verwesungsgeruch an sich zu tragen. Hoffentlich sind Bruno und Mücke bald fertig und dieser Einsatz ist endlich vorbei.

Als er das Geräusch hinter sich hört, ist es zu spät. Ein

brennender Schmerz in seinem Rücken – Todesangst – dann Ohnmacht. Halb bei Sinnen sieht er ein Gesicht über sich. Das Gesicht eines Mannes, der ihn eilig in eine Wohnung zerrt. Stutz spürt das warme Blut aus der Wunde in seinem Rücken sickern. Mit jedem Tropfen wird er schwächer. Er weiß, wer der Mann ist: Walter Saubert.

* * *

Bruno hockt am Boden, um einen weiteren Fingerabdruck zu sichern, Mücke beugt sich zu Bruno herunter. »Der Fotograf ist abgehauen, länger konnte ich ihn wirklich nicht mehr halten.«

»Wenn wir genügend Bilder haben, ist das in Ordnung.«

»Haben wir«, sagt Mücke stolz.

»Es gefällt mir nicht, dass wir Saubert nicht geschnappt haben. Er muss uns vom Fenster aus gesehen haben, die Flamme unter dem Kochtopf war noch an. Aber wohin kann er abgehauen sein?«

»Vielleicht ist er übers Dach entkommen. Im Dachboden sind diese Luken zum Dach heraus.«

»Lass uns die Tür zupflastern und den Dachboden überprüfen.« Bruno und Mücke treten in den Flur, Mücke schaut sich hellhörig um. »Wo ist Stutz?«

Bruno greift zur Waffe. »Da stimmt was nicht. Er hätte uns informiert, auch wenn er nur kurz verschwunden wäre.«

»Da!« Mücke hält Bruno davon ab, den nächsten Schritt zu tun, und deutet auf den Boden. »Blut.«

Bruno geht in die Hocke, schaut genau hin. »Das ist frisch.«

Mücke deutet ohne Worte auf eine kaum sichtbare Schleifspur, die zur Tür der Nachbarwohnung führt. Mücke wartet dieses Mal auf kein Kommando, mit Anlauf rammt er seine Schulter gegen Frau Tiemanns Wohnungstür und stürmt hinein. »Langsam Mücke«, ruft Bruno und eilt seinem Kollegen hinterher. Doch Mücke denkt nicht daran, er stößt eine Tür nach der anderen auf, doch alle Zimmer sind leer. In der Küche wird er fündig. Am Boden liegt der ausgeweidete Körper einer älteren Frau.

Bruno packt Mückes Arm. »Er muss hier sein. Das ist bestimmt die Leiche, deren Körperteile nebenan im Kochtopf schwimmen.« Voller Adrenalin und mit wild hämmernden Herzen gehen Bruno und Mücke noch einmal alle Zimmer ab. Im Wohnzimmer nähert Bruno sich dem Ohrensessel. »Kommen Sie mit erhobenen Händen vor!«, befiehlt er, ohne Gewissheit, ob Walter Saubert oder eine andere Person dahinter hockt. Kurz überlegt er, durch die Lehne des Sessels zu schießen. Mücke tritt hinter ihn. »Wo ist er?«

Bruno deutet mit einer knappen Kopfbewegung zum Sessel. »Dahinter.«

Mücke tritt an Bruno vorbei. Als er neben dem Sessel ist, schnellt ein Messer aus dem Nichts in seine Richtung, doch Mücke kann ausweichen. Abermals sticht das Messer in seine Richtung, Bruno feuert.

»Ah!«, plärrt ein Schrei hinter dem Sessel hervor und Saubert fällt zu Seite. Mücke tritt Saubert das Messer aus der Hand, verdreht ihm sehr grob die Arme auf den Rücken und legt ihm – ebenfalls sehr grob – Knebelketten an. »Haben wir dich, du Drecksau.«

»Walter Saubert, Sie sind hiermit festgenommen. Sie werden der Tötung Ihre Nachbarin Frau Tiemann beschuldigt.«

Während Bruno dem Verdächtigen vorschriftsmäßig die Rechte verliest, zerrt Mücke den Geknebelten aus der Wohnung.

Sehr grob.

KAPITEL SECHSUNDZWANZIG

Senator Gräfe hat alle Hebel in Bewegung gesetzt, die Festnahme des Serienmörders Walter Saubert in Szene zu setzen. Eigens für die Verkündung hat er das Neue Ballhaus Resi in der Hasenheide gemietet und alles eingeladen, was Rang und Namen hat. Bruno, Mücke und Stutz sitzen im Publikum, während Gräfe in seiner ausufernden Rede von den heldenhaften Einsätzen unter seiner *allzeit präsenten* Führung erzählt und den verletzten Kollegen Stutz dabei als dramatischen Beweis vorführt. Stutz geht es inzwischen viel besser, die Stichverletzung war Gott sei Dank nur eine Fleischwunde. Auf Gräfes Anordnung hin trägt Stutz einen gut sichtbaren Kopfverband, obwohl sein Kopf keinerlei Verletzungen abbekommen hat. Mücke flüstert Bruno zu: »Nun wird Gräfes nächster Karrieresprung sicher sein.«

»Wirst du ihn vermissen?«, frotzelt Bruno grinsend.

»Ich? Spinnst du?«

Bruno lacht leise.

. . .

Die Festveranstaltung im Anschluss an die Rede hat Gräfe ebenfalls imposant organisiert. Als Bilder geschossen und Interviews gegeben sind, macht sich Bruno aus dem Staub. »Ist nix für mich«, sagt er zu Mücke.

»Wieso denn? Ist doch toll, hier kannste futtern, bis du platzt.«

»Wir sehen uns morgen.« Bruno verabschiedet sich von Mücke und Stutz und geht, ohne sich umzusehen. Er hat seine Pflicht getan, hat in die Kameras gelächelt und brav Rede und Antwort gestanden. Nun ist es an der Zeit, dass er den Menschen aufsucht, dem der eigentliche Ruhm zusteht.

Er parkt seinen Wagen in der Hermannstraße vor dem Friedhof. Die trostlosen Bilder von Hölzers Beerdigung wird Bruno nie vergessen. Es gab keine Kinder oder andere Verwandten, die den Tod dieses Menschen betrauerten. Nur Kollegen, dafür aber so viele, dass Bruno sprachlos war.

Jedes Mal, wenn er Hölzers Grab besucht, sammelt er welke Blumen herunter und trägt die zu einem Komposthaufen in einer der Gitterboxen. Dann geht er zurück und redet mit Hölzer. Dabei weint er oft. Manchmal denkt er, dass Hölzer ihn hört. Aber er weiß, dass es nicht sein kann. Hölzer ist fort, für immer. Und er wird nie wiederkommen. Bruno wird sich um Hölzer kümmern. So wie Hölzer sich um ihn gekümmert hat.

Auch heute verliert er wieder die Zeit aus den Augen und muss sich beeilen, um nicht auf dem Friedhofsgelände eingeschlossen zu werden. Er parkt an der Ecke zur Wissmannstraße, wo Hölzer gewohnt hat, und geht in die Stammkneipe seines Chefs – seines ehemaligen Chefs. Es wird wahrscheinlich Ewigkeiten dauern, bis er von Hölzer in der Vergangenheit reden kann. Er zündet sich eine Overstolz ohne Filter an und nimmt einen genießerischen Zug. Maria bringt ihm sein kleines Gedeck und nimmt neben ihm Platz. Sie sitzen wortlos beieinander, wie Verwandte, die um einen geliebten Menschen trauern.

KAPITEL SIEBENUNDZWANZIG

Fünf Jahre danach

Lebenslang mit anschließender Sicherungsverwahrung. Einerseits wird Walter Saubert Anerkennung in der Justizvollzugsanstalt Tegel entgegengebracht, weil er Hölzer nach einhelliger Meinung auf dem Gewissen hat. Eine Menge der Insassen hat Hölzer schließlich hier eingebuchtet. Aber dass er Minderjährige vergewaltigt und umgebracht hat, wiegt hundertmal schwerer. Der Knast hat eigene Regeln. Und ein langes Gedächtnis. Auch nach fünf Jahren ist Saubert noch der KiFi, der Kinderficker, und damit befindet er sich auf der untersten Stufe der Hackordnung.

Walter steht vor dem Waschbecken, spuckt Blut. Er wollte den Hofgang nicht mitmachen, aber der Schließer hat ihn dazu gezwungen und hat den Hof anschließend zehn Minuten lang ohne Aufsicht gelassen. Walter schmerzt einfach alles, aber er kann leiden, ohne zu klagen, das ist er seit Kindertagen gewohnt. Er stellt das Pappschild mit dem selbstgemalten Auge schräg auf die Ablage unter dem Spiegel. Papas Glasauge ist vor fünf Jahren während der Festnahme kaputtgegangen.

»Es ist nicht so schlimm, wie es aussieht, Papa.« Dann

schiebt er das Schild mit dem Auge in das Versteck, hinter den Spiegel, denn es wird gleich wieder so weit sein. Das muss Papa nicht mitansehen.

Das Schloss der Zellentür kracht zweimal und die Tür bleibt einen Spalt weit offen. Walter stellt sich in die Mitte der Zelle. Gleich kommt Boris wieder zu ihm. Ein fetter Hüne mit einem Schwanz, der so riesig ist, dass es sich anfühlt, als würde ein Arm in seinen Arsch eindringen und ihm alles zerreißen. Boris' Wurstfinger umkrallen die Tür, die er langsam öffnet.

Ein Stich durchfährt Walters Brust, ein brennender Schmerz. Walter fasst sich an sein Herz, sackt auf die Knie. Er kann nicht atmen. Alles dreht sich, er fällt auf die Seite, streckt seine Hand Richtung Spiegel aus. Das Schwarz vor seinen Augen zieht sich zusammen.

»Papa.«

ENDE

WAS TREIBT EINEN SERIENMÖRDER AN?

- Wie denkt er?
- Wie fühlt er?
- Welche Ursachen gibt es?

Niemand kann wirklich in den Kopf eines Serienmörders blicken – Thriller-Autoren vielleicht schon.

DIE GESAMTEN FÄLLE

aller PainMatrix-Thriller aller Autoren können Sie hier finden:
https://www.joerg-piesker.de/pain-matrix/

Kapitel Achtundzwanzig

DER WAHRE FALL

Im Kopf des Serienmörders

Der wahre Fall des Serienmörders Joachim Kroll ist das Vorbild für diese Geschichte. Hier zum Nachlesen:

https://de.wikipedia.org/wiki/Joachim_Kroll

Ansonsten war es ein großer Spaß, mich in die Zeit zurückzuversetzen, als es nur analoge Telefone gab und ein Funktelefon auf dem Armaturenbrett eines VW Käfer in Polizeifahrzeugen vorzufinden war. Fingerabdrücke mussten mittels manueller Sichtung abgeglichen werden und Fallanalysen steckten noch in den Kinderschuhen. Die Rollen zwischen Mann und Frau waren anders verteilt und das Gesundheitsbewusstsein hatte im Vergleich zu heute erhebliche Wissenslücken. Getragen hat man damals häufig ordentlich Kleidung, der Mann Hemd und Krawatte, die Frau Kleid und Hackenschuhen. Und die Umgangsformen unterschieden sich ebenfalls zur Gegenwart, man benahm sich in der

Öffentlichkeit unaufdringlich bis höflich. Außerdem gab es nur wenige Fernsehapparate und Autos.

Das war für mich ein spannender Ausflug in die Vergangenheit.

SCHREIBEN SIE MIR

Wenn Ihnen der Roman gefallen hat, freue ich mich über eine faire Rezension bei Amazon und Ihre Weiterempfehlungen an Lesefreunde. Wenn nicht, so würde ich mich freuen, wenn Sie mir eine PN bei Facebook schreiben:

https://www.facebook.com/AutorJoerg/

ODER EINE E-MAIL AN:

pieskerg@googlemail.com

und mir den Grund dafür mitteilen.

ÜBER DEN AUTOR

Mehr über mich und meine Bücher erfahren Sie auf meiner **Website:**

https://www.joerg-piesker.de/

Oder auf meiner **Amazon-Autorenseite:**

https://www.joerg-piesker.de/AMZ

NEUERSCHEINUNGEN

Und wenn Sie keine Neuerscheinung verpassen wollen, melden Sie sich gern bei meinen Newsletter an:

https://www.joerg-piesker.de/ueber-mich/wolfsnacht-gratis-ebook/

MachenSie es gut, bleiben Sie gesund und mir gewogen – auf baldiges Wiederlesen.

Ihr Jörg Piesker

Printed in Poland
by Amazon Fulfillment
Poland Sp. z o.o., Wrocław

27771420R00125